Tenzin Robert Thurman y Sharon Salzberg

Amad a vuestros enemigos

Cómo acabar con el hábito de la ira y ser más felices

Traducción: María Tabuyo y Agustín López

editorial Kairós

Título original: LOVE YOUR ENEMIES by Sharon Salzberg & Tenzin Robert Thurman

© 2013 by Sharon Salzberg and Robert Thurman
Originally published in 2013 by Hay House Inc. USA

© de la presente edición:
2014 by Editorial Kairós, S.A.
Numancia 117-121, 08029 Barcelona, España
www.editorialkairos.com

© de la traducción del inglés al castellano: María Tabuyo y Agustín López

Fotocomposición: Grafime. Mallorca, 1. 08014 Barcelona
Diseño cubierta: Katrien van Steen
Autor foto cubierta: Breen
Impresión y encuadernación: Romanyà-Valls. Verdaguer, 1. 08786 Capellades

Primera edición: Octubre 2014
ISBN: 978-84-9988-405-9
Depósito legal: B 20.011-2014

Este libro ha sido impreso con papel certificado FSC, proviene de fuentes
respetuosas con la sociedad y el medio ambiente y cuenta con los
requisitos necesarios para ser considerado un «libro amigo de los bosques».

Para todos aquellos que expresan su fuerza mediante la compasión y no con la ira, sea consigo mismos, su familia, su comunidad o su nación. Que el amor y la amabilidad estén siempre presentes.

SHARON SALZBERG

A todos los seres sensibles de cualquier clase, para que superen las crisis actuales y vivan con plenitud, y especialmente, A TODAS LAS MUJERES, las grandes heroínas de nuestro mundo, personas plenas y libres, guerreras heroicas, auténticas amigas, madres, esposas, hijas, cuya labor –de todo tipo, con amor, inteligencia, creatividad, valor, tolerancia, amabilidad, diplomacia, abnegación, buen humor y una visión cada vez más profunda y amplia–, a través de los milenios y a lo largo de los días y las noches, salva de la desdicha y la destrucción a las familias, a sus hermanas, a varones ingobernables, padres, parejas, hijos, animales, comunidades enteras, y al planeta mismo. ¡Ojalá este modesto libro contribuya de alguna manera a que estas grandes almas reciban el honor, el respeto y el reconocimiento que tanto merecen y del que tan urgente necesidad tenemos.

TENZIN ROBERT THURMAN

Sumario

Cómo usar este libro

Amad a vuestros enemigos es una guía práctica para sentirse libres de los enemigos mediante los poderosos aliados de la sabiduría, la tolerancia y el amor. En particular, ofrecemos herramientas para vencer a cuatro clases de enemigos con los que nos encontramos en la vida; según las antiguas enseñanzas tibetanas de transformación de la mente, esas cuatro clases son:

- El enemigo exterior: las personas y las instituciones que nos hostigan, molestan o perjudican de alguna manera, y las situaciones que nos frustran.
- El enemigo interior: la ira, el odio y otros impulsos destructivos.
- El enemigo secreto: la obsesión y preocupación por uno mismo, que nos aísla de las otras personas, dejándonos frustrados y solos.
- El enemigo supersecreto: el aborrecimiento de uno mismo profundamente asentado que nos impide encontrar la libertad interior y la felicidad verdadera.

En el libro presentamos los enemigos por este orden, avanzando desde los enemigos exteriores hacia el interior, puesto que el proceso de encontrar la libertad mediante la superación de la ira, el miedo y la preocupación por uno mismo procede más o menos en este orden. Pero la vida cambia continuamente, es impredecible, y somos muy conscientes de que no siempre nos encontraremos con nuestros enemigos de esta manera ordenada. Por eso te animamos a comenzar desde el punto en el que te encuentres. Tal vez eres tan duro contigo mismo que ni siquiera puedas empezar a enfrentarte a tus enemigos porque la empresa te parece desesperada. Podrías empezar primero por el Apéndice y practicar la meditación de la amabilidad amorosa para desarrollar la autocompasión antes de embarcarte en ello. O podrías saltar hacia delante y leer el capítulo 4 sobre el enemigo supersecreto para sentir la alegría ilimitada y la libertad interior que está delante de ti. Tal vez lo que está provocando tu angustia en este momento es la ira que habitualmente abrigas; podrías empezar entonces por el capítulo 2, sobre la forma de vencer al enemigo interior.

Independientemente de cuáles sean los enemigos a los que nos enfrentamos, el método para vencerlos es el mismo. Primero, usando la sabiduría crítica, identificamos con claridad al enemigo –no es tan sencillo como parece– y luego nos entregamos a la atención plena para experimentar de lleno cómo funciona. Después nos disponemos a desmontar nuestra relación de enfrentamiento con el enemigo aprendiendo a tolerarlo y desarrollando compasión por él, aunque emprendamos una acción decisiva para desarraigarlo. Por último, liberados de nuestros enemigos, podemos relajarnos en la dicha de la felicidad verdadera y la alegría de vivir de manera armónica con los demás. Trabajar con nuestros enemigos es un proceso a la vez interno y externo.

No es fácil liberarse a sí mismo. Requiere inteligencia, valor y constancia para separarse de las maneras habituales de mirar el mundo y responder de una forma diferente y más productiva. En cierto nivel, hacer frente de manera eficaz a nuestros enemigos exige control: no arremeter con rabia o con represalias, ni satisfacer un deseo de venganza. En otro nivel, supone implicarse activamente con el mundo para que, en vez de expresar la ira y el miedo de manera destructiva, emprendamos una acción constructiva desde un lugar de amabilidad hacia los otros y hacia nosotros mismos.

Finalmente llegamos a comprender que no existe ningún «nosotros» y «ellos», ninguna separación entre uno mismo y el otro, y, por lo tanto, ningún enemigo. La victoria sobre nuestros enemigos es la comprensión profunda de nuestra interdependencia.

Durante años, hemos impartido un taller de fin de semana sobre la manera de resolver la situación con los enemigos. Este texto es el resultado de ese taller. Lo hemos concebido como un libro de ejercicios que te ayude a identificar a tus enemigos y a transformar tu relación con ellos.

En el contexto espiritual, «amor» significa desear la felicidad de alguien, y esto es lo que te animamos a hacer respecto de tus enemigos. El mandamiento de amar a todo el mundo, incluidos aquellos que te hacen daño –tal como han propuesto muchos grandes maestros espirituales, como el Buda y Jesús–, ha sido considerado a menudo indeseable o incluso imposible. Sin embargo, vale la pena considerar que es, en realidad, eminentemente posible y práctico desear una felicidad auténtica al enemigo, pues esta es la única manera de quedar libre del tormento que nos ocasionan. El beneficio de este amor es doble. Si aporta felicidad a un enemigo, es mucho menos probable que ese enemigo provoque daño o frustración en quienes le rodean. En todo caso, si este punto de vista del amor no tiene un efecto inmediato sobre tu enemigo, el mero acto de amar lleva consigo la paz interior para el que ama.

En este libro, recurrimos a muchas tradiciones espirituales, así como a la psicología moderna, a fin de ofrecer herramientas que sean útiles para ayudar a cualquier persona de cualquier creencia –o a los escépticos– en ese intento de cambiar la relación con los enemigos y aprender a vivir una vida guiada por la sabiduría, la tolerancia, la compasión y el amor. Esperamos que encuentres en estas enseñanzas y en estos ejercicios algo con lo que puedas experimentar. Contémplalo como un gran experimento en el que verte a ti mismo de manera diferente, ver a los otros de manera diferente, y llegar a una interpretación diferente de la fuerza verdadera y la verdadera felicidad.

Antes de que Bob se convirtiera en profesor universitario y escritor, vivió en la India y fue el primer occidental en ser ordenado monje budista tibetano. Sharon estudió meditación en la India y Birmania con maestros de la tradición Theravada, y luego regresó a Estados Unidos para cofundar un centro de retiro budista en la ciudad de Massachusetts.

Cuando enseñamos juntos, alternamos enseñanzas y relatos, ejercicios y meditaciones, y así lo hacemos también en estas páginas.

Las historias, enseñanzas y ejemplos de Sharon, extraídos de la experiencia de su propia vida y de la de sus discípulos, aparecerán con esta tipografía.

Las enseñanzas de Bob, pertenecientes al canon budista y a sus experiencias personales, aparecerán con esta otra tipografía.

SHARON SALZBERG

TENZIN ROBERT THURMAN

Nueva York, 2013

Introducción

SHARON SALZBERG

Todos queremos ser felices, pero existe mucha confusión en torno a dónde podemos encontrar la verdadera felicidad. A nuestro alrededor, vemos a personas en conflicto que actúan desde una mentalidad que podríamos llamar «nosotros-frente-a-ellos». Este sentimiento de separación y alienación nos lleva a pensar que el camino a la felicidad debe de radicar en triunfar sobre los demás o en reprimir parte de nosotros mismos. A menudo terminamos por ver a los otros como enemigos; y cuando las cosas no van como queremos, llegamos a ser enemigos de nosotros mismos.

Nuestro condicionamiento personal y colectivo puede llevarnos a pensar en la fuerza como algo muy diferente de la amabilidad y la compasión. Por eso, nos puede parecer necesario considerar como enemigo a una persona o situación, pues, si no lo hacemos, podemos tener la sensación de que nos rendimos o abandonamos, y de que actuamos de una manera tonta, débil o autodestructiva. Creo que este sentimiento de enemistad y distancia, este sentimiento de separación de los otros y en nosotros mismos, está en el centro de la confusión acerca de lo que constituye la verdadera felicidad.

La premisa de este libro es que todos tenemos enemigos, aunque –alerta, *spoiler*– Bob os lanzará una bola con mucho efecto a ese respecto (véase página 21). Pero luego, inspirados por las enseñanzas budistas, os conduciremos en un viaje a través de los cuatro tipos de enemigos con los que nos encontramos: enemigos exteriores, enemigos interiores, enemigos secretos y enemigos supersecretos. Los enemigos exteriores son las personas que nos acosan o nos molestan, así como las situaciones de la vida que nos frustran o confunden. Los enemigos interiores son los hábitos de nuestra mente reactiva –en particular la ira y el odio– que nos esclavizan y causan estragos en nuestra vida. Más profundo aún encontramos a nuestro enemigo secreto, el ensimismamiento o absorción en nosotros mismos que nos separa de los demás y de nuestra naturaleza amorosa. Y, por último, está el enemigo supersecreto, el sentimiento profundamente enraizado de odio hacia uno mismo que nos impide hacer realidad nuestra afinidad con todos los seres. Las enseñanzas y meditaciones de este libro nos ayudan a utilizar nuestra sabiduría y compasión innatas para transformar la relación con nuestros enemigos, tanto internos como externos.

Cuando oímos la palabra *enemigos*, probablemente casi todos pensamos de inmediato en aquellas personas que nos han herido o perjudicado de forma concreta. Pero hay también otros adversarios difíciles a los que todos tenemos que enfrentarnos, nuestros enemigos interiores. Juntos descubriremos, a lo largo de este libro, las formas sutiles en que se debe actuar con ellos, pues ahí es donde radica la clave de la victoria real.

Cuando nos enfrentamos con un enemigo, sea externo o interno, tendemos a dar vueltas una y otra vez al mismo tipo de pensamiento habitual que no logró resolver la situación en el pasado, pensamiento que nos deja furiosos e insatisfechos y con una sensación de frustración. Es un acto de audacia salirse de estas maneras conocidas pero imperfectas de tratar con nuestros enemigos y buscar un camino mejor. Estar dispuesto a intentar planteamientos que cambien esa dinámica del nosotros-frente-a-ellos requiere valor. El psicólogo social Jonathan Haidt se refiere a la estrategia de cambiar el rígido y arraigado pensamiento habitual como un acto de salir de nuestra «matriz moral». Cuando nos negamos a responder a la ira con ira, cuando rechazamos la creencia de que la venganza es nuestra única opción, salimos de nuestra matriz moral y entramos en un mundo ilimitado de opciones luminosas.

Nuestra sociedad tiende a desechar la amabilidad como una virtud menor, sin valorar la fuerza tremenda que en realidad puede tener. Aunque el Dalái Lama sea venerado en todo el mundo como la personificación de la amabilidad y la compasión, su negativa a considerar enemigos a los chinos que ocuparon el Tíbet resulta incomprensible para muchas personas. Pero vencer a los enemigos requiere ser capaz de dejar a un lado los presupuestos particulares y considerar la amabilidad y la compasión como las fuerzas que realmente son. Entre las prácticas que presentamos en el libro se encuentra una de las fuerzas más poderosas para disolver la enemistad: la meditación de la amabilidad amorosa.

«Amabilidad amorosa» es una traducción de la palabra *metta*, del pali, la lengua en que fueron escritos originalmente los textos budistas. Se ha traducido también *metta* como «amor» y «amistad». La amabilidad amorosa es un conocimiento profundo de que la vida de cada individuo está indisociablemente entretejida con toda forma de vida y de que, debido a esa conexión, debemos cuidarnos unos a otros, no por un sentimentalismo sensiblero o un sentimiento de obligación, sino por la sabiduría que reconoce que, cuando cuidamos unos de otros, en realidad estamos cuidando de nosotros mismos.

La amabilidad amorosa no es solamente un ideal abstracto; es un camino práctico, eficaz, para hacer realidad una vida transformada. Como método de meditación, abre nuestra conciencia para que nos prestemos atención a nosotros mismos y a los otros de una manera diferente. En vez de estar distraídos y fragmentados, aprendemos a recoger nuestra atención y centrarnos. En vez de fijarnos solo en lo que está mal en nosotros y sentirnos derrotados por ello, aprendemos también a ver el bien que hay en nuestro interior. Y en vez de catalogar de manera refleja a las personas como malas y echarlas a un lado, nos detenemos para apreciar que, igual que nosotros, también ellas quieren ser felices.

La felicidad verdadera, tal como la consideraba el Buda, es una forma de capacidad para la flexibilidad y la recuperación, un recurso interior que nos permite cuidar de nosotros mismos y de los demás sin sentirnos mermados ni superados por cualquier sufrimiento con que podamos encontrarnos. Las perspectivas y prácticas que describimos en este libro son maneras de estar en contacto con esa capacidad y conseguir que nos guíe en todas nuestras relaciones. Incluir a nuestros enemigos en este proceso de transformación puede parecer imposible al principio, pero con el tiempo llegamos a comprender que eso no solo es algo práctico, sino también liberador.

Introducción

TENZIN ROBERT THURMAN

Aclaremos una cosa: *en última instancia, no tenemos ningún enemigo*. Pensamos en el enemigo como alguien –o algo– que bloquea u obstaculiza nuestra felicidad. Pero ningún otro ser puede obstaculizar nuestra felicidad: la verdadera felicidad procede del interior. Por lo tanto, en última instancia, no tenemos ningún enemigo.

Justo en este momento puedo oírte diciendo: «¿Cómo se entiende esto? ¡Aquí hay un libro entero que habla de cómo relacionarnos con nuestros enemigos para transformarlos en amigos, y empieza diciéndome que no tengo ningún enemigo! Esto no puede ser. *Sé* perfectamente que tengo enemigos. Justo ayer descubrí que mi compañero de trabajo está presionando para conseguir el ascenso que debería corresponderme a mí. ¿Y qué pasa con mis vecinos, que ponen la música por la noche a todo volumen y no me dejan dormir? ¿O con ciertos miembros de mi familia, que hacen que mi vida sea desgraciada? ¿Y qué pasa con el mundo actual, con tantas facciones contendientes y en todas partes destrozándose entre sí? ¿Que no hay enemigos? ¡Ni hablar!»

En cierto sentido, tienes razón. Relativamente hablando, tenemos enemigos. Percibimos a personas y situaciones que nos hacen daño de una u otra manera como enemigos. Hacen daño a eso que identificamos como «yo», lo que, como veremos, es una parte del problema. Mientras percibamos a esos enemigos exteriores como si estuvieran tratando de hacernos tanto daño como sea posible, lo que realmente está siendo atacado es nuestra adicción al yo, nuestra sensación de ser un yo fijo, inmutable, separado de los otros yoes. Por eso nuestro enemigo más importante es el enemigo interior, incluida la ira, el odio y el alboroto emocional que surge cuando nuestro adorado sentido del yo se siente amenazado.

Y nuestros enemigos no se acaban ahí. Más profundo todavía es nuestro enemigo secreto: nuestro hábito o instinto de tener una identidad fija, aliado con la preocupación tenaz e implacable por nosotros mismos, que nos aísla de la realidad y de la interacción amorosa con los otros. Y, finalmente, está nuestro enemigo supersecreto; le llamamos supersecreto porque está oculto a nosotros mismos. Este enemigo es nuestro aspecto de sombra colectiva, el sentimiento primario y habitual de indignidad que tenemos como seres humanos, que es el último enemigo que se alza en el camino hacia la felicidad y la libertad reales.

Jesús nos ordenó amar a nuestros enemigos, poner la otra mejilla cuando nos hacen daño, dar nuestro abrigo cuando nos piden la camisa, andar un kilómetro de más. El Buda enseñó el mismo mensaje: que solo el amor puede vencer al odio; y también nos mostró cómo comenzar a amar a nuestros enemigos utilizando la energía procedente de nuestro enemigo exterior para vencer al enemigo interior, usando nuestro discernimiento sobre nuestro enemigo interior para vencer al enemigo secreto, y nuestra libertad con respecto al enemigo secreto para vencer al enemigo supersecreto. Trabajando con nuestros enemigos de esta manera podemos llegar a amar a todos nuestros enemigos, interiores y exteriores.

El amor desea la felicidad real del ser amado. Es la pareja que acompaña a la compasión, que desea que el ser amado no sufra. Si lo piensas, comprenderás que es muy racional amar a los enemigos, teniendo en cuenta que el *amor* supone desear que sean realmente felices. Ellos son nuestros enemigos solo porque piensan que impedimos su felicidad. Si llegan a ser de verdad felices sin tener que apartarnos para ello de su camino, entonces no nos molestarán nunca más como enemigos. Cuanta mayor sea su felicidad, más fácilmente nos dejarán en paz e incluso podrán llegar a querernos.

Podríamos preguntar de manera razonable si amar a nuestros enemigos no nos coloca en una situación de inseguridad. ¿No se aprovecharán de nosotros?, ¿no nos agredirán, incluso? Pero amar a los enemigos no significa invitar a otras personas a que nos hagan daño. Nosotros sufriríamos, en ese caso, y, además, el hecho de hacernos daño tampoco procura a nuestros enemigos una felicidad real. La falsa felicidad que consiguen al atormentarnos no les satisface y solo genera más infelicidad para ellos en el futuro o en las próximas vidas.

La clase de felicidad que asociamos a destruir a nuestros enemigos es una felicidad falsa porque es pasajera. Surge de forma circunstancial, cuando recibimos un alivio momentáneo del estrés a través de algún cambio exterior o interior. Pero cuando las circunstancias cambian, como invariablemente sucede, esa falsa felicidad desaparece. Y cuando lo hace, sufrimos. El Buda llamó a ese sentimiento «el sufrimiento del cambio».

Así pues, la felicidad falsa no dura, pero la felicidad real es fiable. No depende de las circunstancias, sino que surge de una experiencia directa de la realidad, de la conciencia de lo que está sucediendo aquí y ahora. Conocemos la felicidad real de manera intuitiva: está más allá de las palabras. En efecto, nuestras palabras y pensamientos nos distraen constantemente de lo que intuimos. Nuestra mente crea luego una visión distorsionada de la realidad que tomamos por verdadera.

Si por alguna razón intuimos que estamos engañados sobre lo que es real –si «captamos» que hemos sustituido la realidad por la fantasía–, podríamos suponer que todo lo que tenemos que hacer es salir de nuestro pensamiento y de forma automática experimentaríamos la realidad. Pero no es tan sencillo. Nuestros falsos esquemas, tan profundamente arraigados, nos distancian de forma demasiado radical de nuestra capacidad intuitiva para discernir la verdad. Por eso, tenemos que usar nuestra mente con habilidad para liberarnos de la trampa de las palabras y las ideas, apartar cuidadosamente la pantalla que cubre la realidad más honda, realidad inexpresable e impensable, al tiempo que controlamos el miedo que nos hace resistirnos a esa revelación.

El mensaje del Buda es que podemos despertar, abandonando el pensamiento equivocado para acceder a una manera más realista de vivir. Y nuestros enemigos pueden ser nuestros mejores maestros. Si no hubiera personas que tratasen de perjudicarnos o de impedir que consiguiéramos lo que queremos, ¿cómo aprenderíamos a perfeccionarnos en la paciencia, la tolerancia y el perdón?

Es algo difícil entender la visión del Buda sobre nuestro potencial heroico para adoptar una normalidad nueva de máxima felicidad y heroísmo natural a fin de superar nuestra tendencia instintiva a reaccionar airadamente contra los enemigos. Es importante tener en cuenta uno de los descubrimientos científicos más importantes del Buda –en absoluto religioso, en el sentido de «místico»–, algo que él experimentó como la realidad biológica de la vida sensible. Más de dos milenios antes de Darwin, el Buda enseñó la teoría del *karma*, palabra que se puede traducir de manera simple como «acción», como un proceso causal de evolución del individuo sensible, que puede ser positivo o negativo, dirigido hacia arriba o hacia abajo en cuanto a la forma y calidad de la vida, por medio del cual todos los seres sensibles están genéticamente relacionados, puesto que cada uno ha renacido una y otra vez en toda posible forma de vida individual, desde el pasado sin principio. El Buda comprendió que él mismo había sido mono, león, tortuga, bacteria, mujer, varón, demonio, deidad, etc., innumerables veces, y lo mismo todos los demás. La forma actual de vida humana fue, pues, contemplada como una inmensa realización evolutiva de un ser asombrosamente complejo, inteligente y compasivo; aunque no hay ninguna garantía de que uno renazca siempre como ser humano. El Buda describió lo que vio como un océano darwiniano de formas de vida en el que el «gen» «mental» o «espiritual» del individuo, es decir, la semilla desarrollada por la experiencia y la acción evolutiva anterior, y que a su vez da forma al futuro, tiene tanta influencia como los genes físicos de los padres a la hora de determinar la forma de una vida particular.

Es decir, los biólogos materialistas modernos consideran que el individuo es un producto de mutaciones azarosas de modelos genéticos físicos insensibles; la mente sería, según ellos, una ilusión producida por señales en un cerebro físico, y la vida empezaría solamente con el nacimiento y terminaría con la muerte. Esa persona sería una criatura mecánica sin ningún propósito individual a largo plazo, «programada» para actuar y reaccionar de tal manera que intensifique el futuro de sus genes físicos. Por lo tanto, si un enemigo amenaza la intensificación de esos genes, el individuo-máquina está programado para reaccionar con violencia, alimentada por adrenalina y cortisol, a fin de destruir a ese enemigo. Ninguna otra forma de entender los acontecimientos, según ellos, puede tener sentido. Por el contrario, el Buda y los «científicos de la mente», sucesores suyos, ven al individuo como un ser procedente de un largo proceso evolutivo en el que los resultados de sus acciones éticas, mentales y físicas están codificadas en un gen mental (*chittagotra*) que da forma a su vida presente, y por eso tiene una muy fuerte motivación evolutiva para actuar de manera que su calidad y forma individual de vida se eleve o intensifique y, además, evolucione cuando se prolonga en vidas futuras, tal vez incluso en un futuro sin final. El retroceso evolutivo negativo, según el planteamiento del Buda, está motivado por las acciones egoístas en nuestra actividad mental, en las palabras y en los actos, y el progreso evolutivo positivo está causado por las acciones altruistas. La ira y el odio como acciones mentales violentas, y las correspondientes acciones verbales y físicas de carácter violento regidas por esos sentimientos, llevan así al individuo a evolucionar hacia abajo, a formas de vida cada vez más inferiores, como los animales no humanos, e incluso peores. Y la paciencia y el amor, como acciones amables y motivadoras de acciones verbales y físicas amables, dan lugar al progreso evolutivo del individuo hacia formas de vida cada vez mejores.

No entraré en este libro en los intrincados detalles de la teoría biológica del *karma* en el budismo, pero invocaré el horizonte evolutivo del individuo en el que se enmarca la lucha por superar la ira y el odio, motivada por el iluminado interés personal de cada uno. Me referiré ocasionalmente al *karma* como «acción evolutiva», y explicaré el sentido de las enseñanzas sobre los métodos para superar la ira y cómo parecen menos radicales cuando las entendemos con relación a causas y efectos en una continuidad de vidas, y no solo en la vida única que los materialistas conceden al ser sensible. Aquellos lectores que conscientemente hayan optado por la visión materialista del mundo, prefiriéndola a cualquier tipo de «visión religiosa» de vidas anteriores o futuras, pueden no obstante utilizar estos métodos para obtener resultados en la mejora de la forma y calidad de esta única vida. Las personas religiosas interesadas en sus vidas futuras pueden también utilizar estos métodos en el contexto de su particular visión religiosa del mundo, porque derivan de la ciencia de la mente y pueden aumentar nuestras capacidades cuando nos enfrentamos a nuestra vida social y emocional, sin que se nos exija cambiar el sistema de creencias propio de cada uno.

Sea cual fuere nuestra cosmovisión científica, si nos esforzamos en actuar con los enemigos externos de una manera más hábil, pronto llegaremos a comprender que el enemigo más importante es el que está en el interior. La negativa del Dalái Lama a hacer enemigos de los chinos que ocuparon el Tíbet nos sirve de inspiración para comprobar que la victoria sobre el enemigo interno de la ira puede ofrecernos la capacidad para relacionarnos con las personas que pensamos que nos perjudican, de tal manera que alcancemos finalmente la victoria interior de la verdadera felicidad, al tiempo que deseamos lo mejor incluso para esos enemigos.

La idea de la ira como mecanismo protector es el mayor obstáculo a la hora de desarrollar una actitud valerosa eficaz y liberarse del miedo. ¿Puedes imaginar cómo sería la vida si vivieras sin miedos irracionales? Podrías incluso estar en la fila de detección del aeropuerto sin temer que los encargados de la seguridad te colocaran a un lado porque te olvidaste de sacar de tu equipaje de mano aquel bote de magnífico champú francés.

Dado que nuestros enemigos activan nuestras energías de ira y miedo, las principales armas contra ellos serán la sabiduría, la tolerancia, la compasión y el amor. La sabiduría nos ayuda a no tener miedo mediante la comprensión de la seguridad natural que yace en la realidad verdaderamente profunda. La tolerancia nos ayuda a no perder nuestra sabiduría con la ira y el odio. La compasión amplía nuestra sabiduría, anticipándose al impulso de crear enemigos. Y el amor surge de la dicha interior que nace cuando uno se siente aliviado de la ira y el engaño, y se desborda para abrazar a todos los seres en todas partes. Nuestros enemigos cesan gradualmente de percibirnos como una amenaza –a veces muy gradualmente– y su hostilidad disminuye. De esta manera, logramos una victoria duradera sobre ellos.

Nosotros somos el tráfico

En cierta ocasión, iba yo en un tren desde el Valle de Hudson a la ciudad de Nueva York y me encontré sentado entre una mujer entregada a una conversación en voz notablemente alta por su teléfono móvil y un hombre cada vez más inquieto por el volumen de sus palabras. Como la situación se prolongaba y el viaje seguía acompañado por el sonido potente de la voz de la mujer y los detalles minuciosos de sus planes, el hombre, cada vez más agitado y molesto, al final estalló: «¡Está usted gritando demasiado!», vociferó a pleno pulmón. Le miré de refilón y pensé: *Bueno, ¡y usted también!*

Cuando nos vemos atrapados en un embotellamiento y estamos hartos del tráfico, olvidamos que también nosotros somos el tráfico. Podemos ser parte del problema, así como también, potencialmente, parte de la solución. Trabajar con nuestros antagonistas empieza con la disposición a entrar en un territorio nuevo y explorar la zona situada entre aquellos que nos importan y atraemos hacia nosotros, y aquellos a los que apartamos y rechazamos poniendo un muro de por medio. El filósofo Peter Singer llama a este proceso «ampliar el círculo moral» de aquellos por los que nos interesamos.

Aunque el altruismo comenzara como un instinto biológico para protegernos, explicaba Singer, se fue convirtiendo luego en la posibilidad de cuidar de los demás. Nuestra reacción refleja puede ser responder a los gritos del otro con gritos aún más potentes o actuar con agresividad frente a la beligerancia, pero a la larga este es un círculo vicioso agotador que no hace sino perpetuar el conflicto.

Etiquetar a alguien como enemigo fija a esa persona en una identidad inmutable. Cuando catalogamos a otros como malos (o buenos, o acertados, o equivocados), eso nos permite sentirnos seguros. Sabemos dónde estamos nosotros y dónde están ellos. O eso pensamos, al menos. Pero la vida es más complicada. Mi amigo Brett, que en un tiempo fue conductor en una empresa de limusinas, me contaba que un día estaba furioso por el comportamiento de otros conductores. Luego se dio cuenta de que él mismo, en un momento u otro, había cometido las mismas infracciones por las que se sentía tan contrariado.

Relacionarse con los otros como si ellos pertenecieran a una categoría completamente distinta de nosotros los cosifica, creando tensiones que de manera invariable se agravan hasta llegar al conflicto. Esa actitud impide que haya una conexión fácil y puede dejarnos muy solos. En la situación de la usuaria del teléfono móvil en el tren, un planteamiento más fructífero de tratar con quien se percibe como enemigo podría ser cambiar de asiento, si fuera posible, o pedir amablemente a la persona en cuestión que baje el tono de voz. Una alternativa sería no responder en el momento, pero adoptar más tarde una postura activa, como presionar contra el uso del teléfono móvil en el transporte público o abogar por «coches sin ruido» en las líneas ferroviarias. En vez de arremeter contra la persona que nos molesta, podríamos transformar la situación en una oportunidad para beneficiar a todos los implicados.

Brett cuenta una historia acerca de su primer retiro de meditación silente, hace diez años. Se encontraba haciendo el retiro anual de amabilidad amorosa que yo imparto en la Insight Meditation Society, centro del que soy cofundadora, en Barre, Massachusetts. Una noche, tras varios días de retiro, Brett estaba descansando en su habitación, después de la cena, antes de ir a la sala de meditación para la sesión de la noche. Recuerda vívidamente lo que sucedió entonces:

Mi habitación estaba situada justo encima de la cabina telefónica del sótano. Estaba tumbado en la cama, sintiendo una corriente cálida de amor que fluía a través de mí, cuando de súbito oí una voz fuerte, alta, que procedía de la planta inferior. No podía entender lo que decía, pero podía oír que era un hombre hablando a gritos. De inmediato mi mente pasó de la buena disposición a pensar: *¡Cómo se atreve!* Estaba lo bastante indignado para levantarme y dirigirme al piso de abajo a decirle a aquel tipo lo mal que estaba hablar en voz tan alta en nuestro tranquilo santuario. Abrí la puerta del sótano y miré hacia la cabina telefónica, donde pude ver la parte superior de la cabeza del ofensor. Cuando me acerqué lo bastante para entender realmente lo que decía, le oí gritar, con una frustración evidente: «Pero, papá, hemos pagado tres mil dólares por tu audífono; ¡tienes que usarlo!» En ese momento, toda mi adrenalina desapareció en un campo de amabilidad amorosa; sonreí y regresé a mi habitación.

No hay nada de debilidad ni derrotismo en no enfrentarse de manera directa y agresiva con nuestros enemigos. Más bien es una forma completamente diferente de relacionarnos con los otros que nos permite no quedar atrapados en el papel de víctima o de agresor. Estamos tan condicionados para relacionarnos con los demás en términos de enfrentamiento que rara vez pensamos en lo inútil que resulta esa actitud como código diario de conducta. Como descubrió Brett, podemos aprender mucho sobre lo que realmente sucede en la pausa entre sentirse furioso y pasar a la acción.

1. La victoria sobre el enemigo exterior

Nos encontramos con el enemigo exterior cuando hemos sido perjudicados o dañados. En la vida cotidiana, podemos sufrir todo tipo de daños. Puede que nosotros –y nuestros seres queridos– seamos insultados, puede ser que abusen de nosotros, que nos roben o nos golpeen, nos intimiden o nos atormenten, nos torturen o incluso nos maten. Pueden arrebatarnos nuestras propiedades, pueden dañarlas o destruirlas. Las personas que cometen esos actos encajan claramente en la definición normal de enemigo: la persona que odia a otra y desea o trata de perjudicarla. Nos sentimos perfectamente justificados para etiquetar a esos agresores como enemigos y tratarlos en consecuencia.

Del mismo modo, otras personas pueden ser insultadas o dañadas, y, si nos identificamos con ellas, también consideramos a las personas que les hacen daño como nuestros enemigos. Encontramos enemigos sin fin en libros, películas y programas de televisión, donde los malos hacen cosas malas a los buenos.

Naturalmente, nosotros nos identificamos con los buenos, y esperamos en vilo que agarren a los malos y se arreglen las cosas.

Nuestros enemigos externos que nos causan tanto dolor son las múltiples cosas que vemos que andan mal en el mundo y las personas a las que percibimos como responsables de ellas: la desigualdad económica que favorece a los más ricos sobre todos los demás, las industrias que contaminan nuestras aguas y convierten solares vacíos en centros de acumulación de residuos peligrosos, políticos que juegan con nuestros derechos sociales y constitucionales, grupos financieros que consiguen que sus intereses particulares se pongan por encima de todo. Miremos donde miremos, podemos encontrar a algún grupo provocando la hostilidad de otro.

No tenemos más que mirar a nuestra vecindad o a la escuela local para encontrar enemigos en abundancia. Adolescentes que disparan armas de fuego y terroristas acaparan ahora los titulares de los periódicos, pero un problema aún más insidioso y amplio es el acoso, que ha alcanzado proporciones epidémicas. La raza, el credo, la nacionalidad, la clase social, la orientación sexual, incluso el tartamudeo o la ropa «equivocada» pueden incitar al insulto y a los ataques, a veces con consecuencias fatales.

Solo tenemos que abrir un diario o encender la televisión para vernos enfrentados con enemigos por todo el mundo. Cuando vemos que un país está siendo atacado por otro o atacando a su propio pueblo, nos sentimos profundamente afectados por la carnicería y deseamos ver derrotados a los agresores. Cuando nuestro propio país es el agresor –pienso en el bombardeo de «sorpresa y conmoción» de Bagdad–, nos sentimos desgarrados entre nuestro deseo de vencer a los malos y la tristeza y la culpa por el sufrimiento humano que se deriva del recurso a la violencia.

Tratamos de volvernos invulnerables al dolor, pero escapar a un dolor o protegernos meramente de él es solo un arreglo pasajero. Más tarde o más temprano, el dolor nos encontrará. La única manera segura de hacernos invulnerables a él es cambiar nuestra idea de los enemigos y aprender a ver todo caso particular de daño como una oportunidad, como algo que podemos usar en nuestro beneficio y en beneficio de los otros. Desde esta perspectiva, ¿cómo podríamos crecer en fuerza y bruñir la armadura resplandeciente de la paciencia, *sin* que haya alguien o algo que intente hacernos daño, para poder aprender a controlar nuestras reacciones de irritación, victimización, ira y miedo? Necesitamos enemigos para conseguirlo. Deberíamos estar agradecidos a nuestros enemigos, ha dicho el Dalái Lama, pues ellos nos enseñan el sentido de la paciencia, el valor y la determinación, y nos ayudan a desarrollar una mente tranquila.

Para tratar de forma eficaz con nuestros enemigos tenemos que vencer nuestro odio y nuestro miedo hacia quienes nos hacen o tratan de hacernos daño, nos lo hicieron en el pasado, o podrían hacérnoslo en el futuro. Eso es mucho pedir para la mayoría de nosotros, al menos al principio. Es mejor aceptar a los enemigos poco a poco, en pasos graduales.

Ahora bien, puedo asegurarte que no te estamos proponiendo que te limites a tumbarte y permitas que quien quiera hacerte daño te pegue un tiro. Eso sería masoquista y no serviría de nada. Para tratar con nuestros enemigos podemos comenzar haciendo todo lo posible para evitar a la gente que quiere hacernos daño, para impedirles que estén en situación de realizar sus planes de agresión. No obstante, si no podemos evitarlos, entonces tendremos necesidad de defendernos. Pero entre evitarlos y estar a la defensiva hay un camino medio. La mejor de todas las estrategias es actuar de manera preventiva, hábil, y hacerlo antes de enfadarnos, para no dar a nuestros enemigos la oportunidad de hacernos daño.

En todas estas estrategias estamos considerando a la persona como un peligro potencial, no muy diferente a un camión que viniera hacia nosotros por la autopista. Prevemos el trayecto del camión y tomamos precauciones para evitarlo. Pero no odiamos al camión; no hacemos de él un enemigo. Solo procuramos estar seguros en el lado de la carretera que nos corresponde.

Admitido, es difícil no odiar a los enemigos. Cuando nos hieren, automáticamente nos sentimos víctimas y respondemos con furia, odio o miedo. Por eso la pregunta, al menos con relación a nuestros enemigos exteriores, es: ¿cómo podemos vencerlos sin devolver fuego con fuego?, ¿cómo podemos evitar la reacción cuando sentimos que estamos siendo atacados? Se precisa un entendimiento claro de la situación para no responder de forma refleja, para ejercer el necesario control físico y verbal. Por eso, para ayudarnos a tratar con nuestros enemigos necesitamos la poderosa inteligencia de la sabiduría crítica, pues su análisis penetrante de la situación real puede librarnos de incurrir en torpes reacciones viscerales.

EL ACOSO

El acoso está en ascenso, manifestándose en conductas que van desde la difusión de cotilleos hasta la violencia física, pasando por la actitud de hacer el vacío a la víctima. Las múltiples herramientas del acoso incluyen la risa burlona, la mofa cruel, las miradas fijas, o el trato de silencio. Aunque las estadísticas fiables sobre el acoso varían, no hay duda de que un gran porcentaje de estudiantes experimentan un tipo u otro de acoso durante su vida; según una fuente, ¡hasta el 77% de los estudiantes![1]

En el patio de la escuela, en el lugar de trabajo, en la red, incluso en el seno de las instituciones oficiales y organizaciones religiosas, el acoso se convierte en un estilo de vida. El acoso se puede dirigir hacia víctimas particulares por motivos de raza, religión, sexo o capacidad, o puede estallar en actos aislados de hostilidad y crueldad.

El acoso es el lado profundo de la piscina del nosotros-frente-a-ellos, donde la escasa amabilidad habitual florece en un ataque hostil contra el cuerpo o el carácter de la víctima. Nacido a menudo de la profunda inseguridad del acosador, el acoso actúa a través de la exclusión y el ataque. En vez de admitir su propia debilidad, los acosadores controlan su ansiedad desplazándola, golpeando en objetivos fáciles. Los individuos y grupos que se perciben a sí mismos como víctimas tienden a ser los blancos más propicios para ser acosados. En una sorprendente mayoría de los casos, los espectadores o los amigos del acosador se unen para atormentar a la víctima o incitar al intimidador.

El aislamiento social es una forma más sutil, pero no menos dolorosa de acoso. Vi esto de cerca en la experiencia de la hija pequeña de un amigo euroamericano que había sido adoptada en China. El primer día de la niña en una escuela urbana progresista, se pidió a los niños de su clase que describieran en qué forma se parecían físicamente a su madre o a su padre. La chiquilla llegó a casa llorando. «Fui la única que no tenía nada que decir», contaba.

Puedo recordar que yo misma me sentí igual cuando era niña y mi padre estaba ingresado en un hospital psiquiátrico. En clase, los maestros nos pidieron que contáramos qué hacían nuestros padres para ganarse la vida, y, cuando me llegó el turno, yo no supe qué decir. Cada vez que sucedía algo así, mi sensación de aislamiento y vergüenza se hacían más profundos.

Los sistemas pueden intimidar tanto como los individuos. Las estructuras sociales fomentan el acoso mediante los estereotipos, las jerarquías de clase, o, de manera más insidiosa, mediante diversas formas de control del pensamiento. Desgraciadamente, no es solo en los cultos religiosos y en los regímenes totalitarios donde se suministra a las personas información errónea y se les dice que no piensen lo que de manera natural tienden a pensar. En su obra pionera de los años 1950, el científico social Gregory Bateson analizó la fuerza destructiva de la mezcla de mensajes mezclados de este tipo.

Cuando percibimos un subtexto por debajo de la línea ideológica del partido, la disonancia cognitiva puede ser enloquecedora. Ésta es una táctica común, si bien a menudo inconsciente, en familias en las que no se puede decir la verdad. Pensemos en el padre que pega a su hijo mientras le dice que es por su propio bien. O en la madre que actúa como si en el hogar todo fuera de perlas, mientras los hijos ven claramente que su alegre sonrisa oculta un enorme sufrimiento. Los programas de recuperación de la adicción se refieren a estas vergüenzas secretas como el elefante en el salón, los enormes problemas obvios que todo el mundo ve, pero se pretenden inexistentes.

Acosar a alguien mediante el silencio, o humillándole, o socavando su sentido de la realidad, es una manera segura de crear un enemigo. Poner la verdad al descubierto nos devuelve nuestro poder, pero enfrentarse abiertamente a un acosador puede ser peligroso. Cuando yo trabajé con mujeres maltratadas en un albergue de violencia doméstica, el consejo estándar para las mujeres era «ir a la escuela cuando él no te vea» y adquirir las herramientas que les pudieran permitir la libertad económica.

Desengancharse psicológicamente de un acosador es más importante que intentar hacer que él vea claro. Recuperar el amor propio arrebatado es una tarea interior que no requiere ni el conocimiento ni el permiso del maltratador.

Requiere mucho valor salir en defensa de uno mismo, cuando muchas voces nos dicen que hay que hacer lo contrario: evitar, ocultar o negar lo que está sucediendo. Conozco a una mujer cuyo suegro es un alcohólico grave, y cuya suegra es una de esas personas demasiado educada para hablar del tema. Recientemente, cuando esta mujer y su marido visitaban a los padres de él, su suegro no pudo levantarse de la cama para cenar. Cuando ella preguntó si había vuelto a beber, su suegra replicó: «No hablemos de eso».

Así es como podemos ser intimidados en silencio por aquellos a los que amamos, por no hablar de la sociedad en general. Un sello distintivo del acoso es la humillación. Es humillante que nuestra realidad subjetiva sea puesta en duda o invalidada. «Trágate la píldora del todo-va-bien», se nos dice, como a los personajes de la novela de Aldous Huxley *Un mundo feliz*, cuando, en realidad, la situación está causando un gran sufrimiento o infortunio.

Inseguros de lo que creemos, nos sentimos avergonzados e indignos, atrapados en el círculo vicioso de la negación de nosotros mismos que se alimenta de la falsa información. Reconocer que nuestros sentimientos son auténticos puede ser sumamente curativo. La verdad nos devuelve nuestro poder y, con él, nuestra eficacia en el mundo.

Seamos claros: la sabiduría crítica es furiosa –resuelta, intransigente, incluso feroz– y, sin embargo, al mismo tiempo, sutil y tierna. En la imaginería budista, la sabiduría crítica se representa por la espada de Mañjushrí, un *bodhisattva* divino (héroe iluminado) cuyo nombre significa «gloria amable». En los iconos tibetanos, la espada de Mañjushrí es muy afilada, con una empuñadura dorada y una hoja de acero azul con fuego resplandeciente que surge de su punta. Esa espada afilada representa la inteligencia crítica, analítica. La sabiduría crítica llevada a su más alto nivel puede ser representada también por una emanación feroz de Mañjushrí, Vajrabhairava («Diamante aterrador») o Yamantaka («Exterminador de la Muerte»), una sutil personificación simbólica de la vida inmortal como la «muerte de la Muerte». (Invocaremos a Yamantaka para que nos ayude a vencer al enemigo secreto en el capítulo 3.) También, para mostrar la amplitud de la sabiduría crítica y su aspecto más amable, se la representa por la hermosa diosa Prajñaparamita, o «Sabiduría transcendente». Conocida como la Madre de todos los Budas –pues la sabiduría transcendente da origen a la iluminación–, sostiene en sus múltiples manos no solo armas (un arco y una flecha, y una espada y un cetro), sino también un libro y una flor de loto.

«¿Por qué la fiereza de la sabiduría crítica?», se podría preguntar. «¿Acaso no estamos tratando de responder al enemigo sin hostilidad?» Cierto. Pero el discernimiento debe ser fiero para vencer al miedo, la ira, la furia, el odio, la venganza y la malicia, ingredientes todos que forman parte de la constitución del enemigo, y que proceden de nuestra defectuosa comprensión de la realidad de la situación. Por eso, la sabiduría crítica debe ser fiera en su concentración penetrante como un rayo láser, para permitirnos ver a través de nuestra confusión.

¿Y cuál es la realidad de nuestra situación? En otras palabras, ¿qué es lo peor que puede suceder?, ¿cuál es el peligro mayor con que puede amenazarnos nuestro enemigo? Bien, por supuesto, debemos afrontar que los enemigos nos pueden insultar, herir, incluso matar. Tenemos motivos para sentir temor ante estos resultados. Ese miedo es saludable; nos da fuerzas para evitar a tales enemigos. Pero podemos evitarlos, e incluso defendernos de ellos de manera mucho más hábil si controlamos nuestro temor y nuestra ira y nos mantenemos serenos, como haría un practicante de artes marciales. Una forma de conseguirlo es ensayando los diversos resultados, imaginando incluso las posibilidades más desfavorables. De manera sorprendente, eso puede ayudarnos a pensar con atención en cada posible resultado.

Tendemos a enfadarnos cuando alguien nos insulta, por ejemplo. Pero ¿hasta qué punto puede ser malo un insulto? ¿Nos hará daño cualquier cosa que nos llamen? ¿No podemos reírnos de ello, especialmente teniendo en cuenta que la mayor parte de los insultos son, por encima de todo, exageraciones? Rara vez somos tan malos como el enemigo pretende hacernos creer. Y no tenemos que preocuparnos por el efecto que el insulto pueda causar en otras personas que puedan oírlo casualmente, pues por lo general el que insulta es el único que suscita una opinión desfavorable en los demás. ¡Cuánta sabiduría hay en la sentencia popular: «Los palos y las piedras me romperán los huesos, ¡pero nunca me herirán las palabras!».

¿Y qué hay de los palos y las piedras, de los diversos tipos de daño físico que podemos sufrir? Por supuesto, debemos protegernos, pero si nos hieren, ¿qué bien nos hace enfadarnos después de sufrir la herida? El Dalái Lama cuenta una historia sobre un asistente que tuvo en el Tíbet, que trataba de arreglar un antiguo automóvil que había pertenecido al anterior Dalái Lama. Mientras trabajaba en el coche viejo, el mecánico se rasguñó los nudillos. Perdiendo la paciencia, se golpeó repetidas veces la cabeza con los bajos del automóvil. El Dalái Lama trató de calmarlo, e intentó hacerle ver la parte humorística del asunto, diciéndole: «¡Ey, el coche no siente nada!».

A menudo, la ira nos hace más daño que cualquier enemigo. Si un enemigo nos hiere, eso es ya bastante lamentable; deberíamos evitar herirnos nosotros mismos anticipando innecesariamente la herida y quedando paralizados por el miedo, incapaces de enfrentarnos al enemigo con todas nuestras facultades y en condiciones óptimas.

Pero seamos realmente radicales, estemos a la altura de la ocasión, e imaginemos incluso el daño definitivo: el enemigo podría matarnos. ¿Hemos pensado alguna vez en morir? Después de todo, es algo que podría suceder en cualquier momento, solo por un simple accidente, sin necesidad de que intervenga ningún enemigo. Probablemente vivimos por lo general ignorando ese hecho, pero puede ser que nuestro miedo subliminal a la muerte, aunque siempre presente, nos impida sentirnos plenamente vivos. ¿Qué significa la muerte para nosotros? ¿Qué piensas que te sucede en la muerte? Tal vez tengas una profunda convicción de una vida tras la muerte y pienses que después de morir subirás al cielo, por la bendición de Jesús, Buda o de alguna otra divinidad o de algún ángel (aunque la perspectiva del infierno pudiera asustarte, habrás encontrado ayuda o una manera segura de evitar el peligro). O tal vez seas materialista y pienses que después de la muerte simplemente desaparecerás, convirtiéndote en una nada inconsciente para toda la eternidad. De una manera u otra, aunque pudiera suceder, no es cuestión de anticiparlo mientras estés vivo ni de permitir que el enemigo lo anticipe para ti.

En cualquier caso, lo que realmente tememos no es la muerte, sino el hecho mismo de morir, una transición que imaginamos que puede ser profundamente dolorosa. Por supuesto, nuestro instinto es salvar la vida a cualquier precio, pero ese instinto es reforzado por nuestras ideas no examinadas de lo que es la muerte, lo que puede colocarnos en un peligro todavía mayor. En efecto, paralizados por el miedo o trastornados por la ira, es mucho más difícil salvar o preservar la vida. Sea que nos sintamos incapaces para responder, convirtiéndonos en una víctima impotente, o que arremetamos de forma alocada e ineficaz contra el agresor, no conseguiremos detener al enemigo, y a veces provocaremos una reacción incluso peor. Por eso, si podemos liberarnos del miedo excesivo de los resultados irreales que anticipamos, mejoramos nuestras posibilidades de evitar esos mismos resultados. Mark Twain afirmaba que había «conocido muchísimos problemas enormes, pero que la mayor parte de ellos nunca se hicieron realidad».

Tememos al dolor mucho más que a la muerte, cuando la afrontamos con claridad. Afortunadamente, la mayoría de nosotros no nos veremos obligados a soportar tortura física a manos de un enemigo. Pero imaginar cómo podríamos enfrentarnos a ello puede ser instructivo para fortalecer nuestra capacidad de recuperación. El método más práctico para afrontar el dolor sería el *control*: no enfurecerse ni con el hecho de ser víctima ni con nuestros hostigadores, puesto que esa reacción solo empeora el dolor y despierta una crueldad mayor en el agresor. El odio no nos ayuda a aliviar nuestro dolor en lo más mínimo. Los monjes tibetanos que fueron encarcelados en condiciones pavorosas con frecuencia atribuyen su supervivencia al hecho de no haber quedado atrapados en la cólera contra sus guardianes. Si, en vez de entregarnos a la ira, pensamos que cada dolor que nuestros torturadores nos están provocando ahora nos hará más capaces de afrontar cualquier dolor futuro, soportarlo parecerá un logro. Además, si tenemos el suficiente sentido común para entender la verdad observable de que «¡Lo que viene se va!» –o, mejor aún, si conocemos la ley de la causalidad evolutiva y biológica que se llama *karma*–, podremos ser capaces de considerar que cada dolor que nos inflige nuestro enemigo es el mismo dolor que ellos sufrirán en el futuro –o en una existencia futura–, por no hablar de la culpa que sufren subliminalmente incluso en ese momento. Con esta visión, incluso podríamos ser capaces de llegar a sentir simpatía por nuestros torturadores. La súplica de Jesús en la cruz, «¡Padre, perdónalos porque no saben lo que hacen!», podría resonar en nuestros oídos.

Gran parte del daño que sufrimos a manos de nuestros enemigos es emocional. Pero también aquí podemos ampliar el alcance del lema «¡ningún dolor, ninguna ganancia!», y tratar de usar cualquier tipo de sufrimiento que nos sea infligido para fortalecer nuestras capacidades y no malgastar energía en odiar a aquellos que nos agravian. Si aprendemos a no encolerizarnos con ellos, nos estaremos armando con la mayor protección de que podemos disponer: la *tolerancia*. Con el escudo de la tolerancia nos hacemos más fuertes y adquirimos una mayor capacidad de adaptación y recuperación, nos hacemos más capaces de afrontar las dificultades cuando nuestros enemigos nos infligen cualquier tipo de dolor.

Sin embargo, hay un obstáculo básico para superar la ira contra nuestros enemigos, y es la idea de que, a menos que tengamos la fuerza de la ira, nos pisotearán. La ira, según esta manera de pensar, es protectora; da fuerza para resistir, y sin ella somos débiles. Pero si examinamos más atentamente nuestra experiencia, podemos captar que la ira va unida al engaño; nos sentimos más fuertes al encolerizarnos, pero en realidad eso nos debilita al mermar o entorpecer nuestro juicio y al hacer que pongamos todas nuestras energías en estallidos insostenibles. Según los estudios neurocientíficos, eso también daña nuestra salud, pues se liberan elementos químicos nocivos, como el cortisol, en la corriente sanguínea, lo que perjudica al sistema circulatorio.

Superar la enemistad hacia otros no significa rendirse a ellos. Por el contrario, cuando estamos amenazados, podemos defendernos de manera más eficaz si afrontamos la agresión sin odio ni ira. Las artes marciales nos enseñan que para lograr el poder necesario para derrotar a nuestros adversarios debemos superar la ira. Como te dirá cualquier persona que practique artes marciales, la ira te priva del equilibrio y te agota muy rápidamente, haciéndote más vulnerable al ataque del enemigo. El miedo desmedido puede provocar los mismos resultados.

Es natural que sintamos miedo cuando nos atacan. Pero podemos manejar la situación de manera mucho más ventajosa si el miedo que sentimos es el tipo bueno de miedo: el miedo instructivo que nos advierte legítimamente de las amenazas a nuestra seguridad e induce una reacción positiva, y no el temor paralizante, paranoico, que nos impide actuar con buen juicio y sin derroche inútil de energía.

ACABAR CON LA ACTITUD COMPETITIVA

Hoy en día, la competitividad es equivalente a un deporte cruento, y no solo en el campo de juego o en el ring. La teórica del psicoanálisis Karen Horney introdujo el concepto de hipercompetitividad como un rasgo neurótico de la personalidad hace casi setenta años. Describía a la persona hipercompetitiva como aquella que se monta una estrategia de «moverse contra los demás» (en contraste con moverse hacia los demás o al margen de los demás). Sus observaciones son ahora muy evidentes en nuestra cultura. La conducta extrema del nosotros-frente-a-ellos ha creado un mundo de soledad. Hay siempre algún nuevo adversario contra el que moverse, así que nos encerramos en un círculo vicioso de medir nuestra fuerza menospreciando a los otros. Me acuerdo de un año en que vi la competición de danza sobre hielo en las olimpíadas de invierno. Una pareja apenas había terminado su enrevesada danza cuando el comentarista ladró: «¡Falta maestría!». Aunque reforzar nuestro estatus minusvalorando los esfuerzos de los otros es presentado por nuestra cultura como un comportamiento normal, el sentimiento de superioridad que produce está hueco. En contraste, el respeto y el aprecio mutuos entre competidores alimenta un sentimiento de solidaridad.

La Insight Meditation Society celebró en una ocasión un retiro para los miembros de nuestro comité, durante el cual un experto con el que estábamos trabajando nos propuso un ejercicio. Estábamos separados en parejas para practicar un juego que se parecía al tres en raya. Cada jugador debía registrar sus puntos. La mayoría de nosotros partíamos de la base de que estábamos compitiendo contra nuestra pareja para ver quién podía obtener más puntos. Pero una de las parejas tuvo la idea de que si cooperaban en vez de competir y juntaban sus puntos su puntuación combinada sería más alta que la de los demás. A diferencia del resto de nosotros, que habíamos supuesto que cada pareja tendría un ganador y un perdedor, esa pareja cooperativa decidió no jugar como si estuvieran luchando entre sí. Consiguieron más puntos que los demás porque habían decidido colaborar.

La competición es natural, una parte del arsenal humano para la supervivencia, pero cuando crea enemistad tenemos que cuestionar su poder en nuestra vida. Ahí es donde entra la *alegría solidaria*, alegría por la felicidad de los otros. Si estamos dentro de un marco mental competitivo, cuando algo bueno le sucede a otro pensamos que eso nos perjudica. Realmente, eso no es así, por supuesto, pero estar consumido por los celos y la envidia nubla nuestro entendimiento. Incluso aunque no estemos en una carrera, la competitividad extrema hace que nos sintamos como si lo estuviéramos.

Sin embargo, si abordamos los éxitos de las otras personas con actitud de alegría solidaria, podemos beneficiarnos auténtica y sinceramente de su buena suerte. En vez de caer en un monólogo interno que es más o menos así: *¡Oh, no! ¡Lo has conseguido tú, pero eso era para mí! Debería ser mío, y tú me lo quitas*, podemos aceptar que el premio nunca fue nuestro y alegrarnos del éxito de la otra persona. Si abordamos la vida desde la carencia, desde un marco mental que subraya lo que nos falta en lugar de lo que tenemos, entonces cualquiera que posea algo que queramos se convertirá en enemigo. Pero cuando podemos alegrarnos por la felicidad de otras personas, comprendemos que la alegría y la satisfacción no son cantidades finitas que tengamos que agarrar cada vez que podamos. Están siempre disponibles porque son cualidades internas que fluyen naturalmente si les permitimos hacerlo.

Un camino de acceso a la alegría solidaria pasa por la compasión, o el movimiento del corazón que responde al dolor o al sufrimiento con el deseo de aliviarlo. La compasión es una cualidad energizante y potenciadora. Como dice el monje budista Nyanaponika Thera: «La compasión elimina el obstáculo, abre la puerta de la libertad y hace al corazón estrecho tan amplio como el mundo. La compasión libera el corazón del peso inerte, de la pesantez paralizante; da alas a aquellos que se agarran a lo inferior de sí mismos».[2] Al mirar con atención la vida de alguien con quien creemos estar en competencia, estamos obligados a ver los infortunios que esa persona ha soportado, o a comprender lo frágil que puede ser el estatus y la buena fortuna. Cuando podemos conectar en el nivel del sufrimiento humano con alguien a quien percibimos como enemigo, ganar o perder parece menos importante.

Hace unos años dirigí un grupo de meditación en una escuela elemental en Washington, D.C. Las paredes de los pasillos de la escuela estaban cubiertas por reflexiones de este tipo: «Trata a los demás como te gustaría ser tratado», «Actúa con amabilidad», «No hieras a otros en el interior ni en el exterior». Sin embargo, el mensaje que realmente me impactó fue: «Todo el mundo puede jugar».

«Todo el mundo puede jugar» es ahora el precepto según el cual vivo. Podemos no estar de acuerdo unos con otros. Podemos discutir. Podemos competir. Pero todo el mundo juega, no importa a qué. Todos merecemos una oportunidad.

Colaborar en la creación del enemigo

Nuestra percepción de los otros como enemigos está influida por la forma en que hayamos interactuado con ellos en el pasado y en que ellos hayan interactuado con nosotros. La visión que tenemos de ellos rara vez refleja de forma objetiva sus cualidades, sino que tiende a ser una proyección de nuestra aversión. Tal vez alguien nos perjudicó en el pasado, y por eso ahora le tememos. Tal vez hicimos algo a una persona que no nos gustaba, y por eso ahora está enfadada con nosotros. Tenemos una plantilla mental de lo que consideramos perjudicial, pernicioso y aterrador, y, con o sin provocación, proyectamos eso en los demás, convirtiéndolos en nuestros enemigos. Cuando alguien parece desagradable o amenazante –cuando se adapta a nuestra imagen mental de una persona que inspira miedo–, entonces suponemos que intenta hacernos daño, y no podemos sino tratar de deshacernos de él. Y si no lo logramos, nos sentimos frustrados y furiosos, lo que refuerza la visión que tenemos de esa persona como enemigo.

Lo último que quisiéramos oír es que podemos tener alguna responsabilidad en la creación de nuestros propios enemigos. Después de todo, no fue *nuestro* coche el que nos aplastó el césped recién regado. Y *no somos nosotros* los únicos que difundieron ese cotilleo malicioso sobre un conocido, ni somos los únicos que parecían complacerse robando los clientes a un colega. Pero si siempre queremos deshacernos de nuestros enemigos, o al menos dejarlos sin poder sobre nosotros, tendremos que confesar la parte que nos corresponde en la creación de la enemistad.

Toda persona tiene la capacidad potencial de ser desagradable y dañina, así como la de ser agradable y útil. Piensa en alguien a quien quieras muchísimo; si vuelves la vista atrás, probablemente puedas encontrar un momento en el que hizo algo que te dañó, incluso de manera inconsciente, o un tiempo en el que estuviste enfadado con esa persona, o ella estuvo enfadada contigo.

«Enemigo», pues, no es una definición fija, una etiqueta pegada de forma permanente a alguien que creemos que nos hace daño. Es una identidad pasajera que asignamos a las personas cuando no hacen lo que queremos o hacen algo que no queremos. Pero cualquier cosa que los otros hayan hecho o dejado de hacer, la construcción del enemigo es un proceso al que siempre volvemos.

HACER ENEMIGOS

Un amigo al que educaron como cristiano me dijo una vez que desde muy joven, cada vez que oía el mandamiento de «Ama a tu prójimo como a ti mismo», su corazón aspiraba a elevarse. Luego, inevitablemente, su pensamiento siguiente sería la problemática pregunta: *Pero ¿cómo?*

Cómo, en efecto. ¿Qué sucede si realmente odias a tu prójimo, o tienes miedo de quienes te rodean, o simplemente te parecen desagradables? ¿Qué pasa si realmente te odias a ti mismo, o no encuentras demasiadas cosas buenas en tus acciones cuando evalúas lo que has hecho durante el día? ¿Qué ocurre si demasiado a menudo, cuando te enfrentas a un mundo resueltamente poco amistoso, te sientes a la defensiva, hostil, separado y solo? Podemos empezar a desenmarañar esta repuesta examinando nuestros condicionamientos.

Tenemos un impulso fuerte a dicotomizar a los seres humanos, a separarlos en categorías opuestas. Estereotipar es un mecanismo evolutivo concebido para potenciar la supervivencia, una forma de taquigrafía para apañárselas en un mundo peligroso. Tratamos de manejar las complicaciones de la vida creando una zona ordenada de tipos reconocibles caracterizados por ciertos rasgos asociados entre sí, aunque sea de forma vaga. Luego generalizamos nuestras tipologías preconcebidas a todos los miembros de una clase, grupo o nación.

El problema es que una vez hemos organizado a todo el mundo en categorías ordenadas, podemos no estar dispuestos a mirar más allá de esas etiquetas. Habitualmente concebimos a nuestro propio grupo como la norma, los que son como deben ser, mientras que todos los demás son «los otros». Al concebir a nuestra familia o grupo como la norma, mientras asignamos a todos los demás las categorías que, de algún modo, son inferiores, incrementamos el sentimiento de nuestra propia dignidad. Pero también nos encerramos en la mentalidad del nosotros-frente-a-ellos, asegurándonos virtualmente un suministro sin fin de enemigos.

El conocimiento mutuo puede detener este ciclo de creación de enemigos. Un estudio reciente sobre los prejuicios ha revelado que la confianza mutua puede arraigar y extenderse entre grupos raciales diferentes de manera tan rápida como lo hace la sospecha.[3] Mediante algo conocido como el «efecto del contacto extendido», la cordialidad viaja como un virus benigno a través de grupos opuestos. Este efecto es tan poderoso que, según los investigadores de la Universidad de Massachusetts, los prejuicios pueden evaporarse en cuestión de horas. La exposición pacífica al «otro», al «enemigo», es clave. Por poner un solo ejemplo, un campamento de verano palestino-judío conocido como Oseh Shalom-Sanea al-Salam hace posible que jóvenes árabes y judíos, y sus familias, pasen el tiempo juntos en actividades compartidas y dialoguen en medio de un entorno natural. Esas organizaciones ofrecen claves de cómo se podrían diseñar iniciativas a mayor escala para derribar la empalizada del nosotros-frente-a-ellos.

Tenemos que ser capaces de ampliar la perspectiva con la que vemos el mundo si queremos llegar a ser verdaderamente empáticos. Pensemos en el Dalái Lama aprendiendo sobre el cristianismo de Desmond Tutu y en el arzobispo Tutu aprendiendo sobre el budismo del Dalái Lama. Ninguno de estos dos maestros espirituales pretendía convertir al otro, ni necesitaba estar de acuerdo con el otro para sentirse conectado con él. Cada uno de ellos mantiene una lealtad fuerte a su tradición, a su credo y a su pueblo, pero son buenos amigos que no están constreñidos por la religión que el otro profesa.

Emprender la acción hacia el bien es el mejor camino para ampliar nuestra atención y disolver la frontera del nosotros-frente-a-ellos. Incluso cosas sencillas como trabajar en un comedor de beneficencia y ayudar a alimentar al hambriento, o tener conversaciones reflexivas con los vecinos, puede atenuar los sentimientos de separación de aquellos que en apariencia son diferentes a nosotros. Alineándonos con cuestiones mayores que nuestros propios intereses egoístas –«apagar el yo y encender el nosotros», como decía Jonathan Haidt– trascendemos la alienación mediante el simple contacto humano. En el espíritu de «Ama a tu prójimo como a ti mismo», cada vez más personas empiezan a parecer nuestros vecinos, y aprendemos en términos reales cómo podemos amarlas.

Una vez que dividimos el mundo en nosotros y ellos, uno mismo y el otro, ese «otro» se llena con enemigos potenciales. Incluso otros a los que ahora amamos pueden convertirse en enemigos más adelante. Todo lo que tienen que hacer es perjudicarnos o desagradarnos de algún modo, y de inmediato nos inspirarán temor y dejarán de gustarnos.

La forma de relacionarnos con nuestros enemigos es, pues, verlos como seres humanos y vernos a nosotros mismos desde su perspectiva, siendo conscientes de nuestros propios prejuicios y preocupaciones, y comprendiendo que esos enemigos están actuando desde sus propios prejuicios y preocupaciones. «Trabajar con el enemigo exterior», un ejercicio del Apéndice, en la página 251, te mostrará cómo se crean enemigos exteriores y cómo invertir ese proceso.

Cuando aparece en el horizonte, el enemigo exterior es en realidad una distracción. Centrarse en alguien que parece desempeñar ese papel nos permite ignorar al enemigo real, el enemigo que está en nuestro interior. Pero cuando vemos el odio al enemigo como una dificultad que debemos superar, se convierte en un estímulo para nuestro propio crecimiento, un regalo para despertarnos de nuestra complacencia.

El poder del perdón

¿Cómo podemos perdonar a quien nos hiere? ¿Cómo es posible reconciliar nuestras diferencias con individuos que nos han hecho daño o han herido a nuestras familias, o con los responsables de cometer actos deliberados de violencia? ¿Es el perdón imperativo en todos los casos? ¿O es el perdón un absoluto espiritual por el que nos esforzamos, pero sin alcanzarlo casi nunca, incapaces de dejar atrás nuestras quejas ni de comprender que lo pasado pasado está?

No hay respuestas simples a estas preguntas. No deberíamos ser sentimentales con el perdón: a menudo es una práctica espiritual intrincada y difícil que nos exige que vayamos más allá de una mentalidad intensamente sentida pero autodestructiva, como tragarse una píldora amarga. Además, por lo general usamos la palabra «perdón» en un sentido imperativo, haciéndolo a la vez obligatorio y difícil. Se nos dice, por ejemplo, que hasta que perdonemos, nunca curaremos. Olvidamos que el perdón es un proceso doloroso que a menudo incluye la expresión y liberación de emociones negativas, en especial la decepción y la ira. No es útil tratar de evitar estos sentimientos dolorosos. El perdón insincero, obligado o prematuro puede ser psicológicamente más dañino que la amargura y la rabia auténticas.

Helen Whitney, directora del documental *Forgiveness: A Time to Love and a Time to Hate*, ha dicho: «Hablamos del perdón como si fuera una sola cosa. En lugar de ello, deberíamos hablar de *perdones*. Hay tantas maneras de perdonar como personas necesitadas de perdón. Tenemos la tendencia cultural a querer transformar el perdón en una única cosa, universalmente deseable. Pero el perdón es más complejo que eso».

Es importante comprender esto. Como cualquier forma de curación, el perdón tiene su programa y sus tiempos propios, y no debería ser acelerado ni manipulado. No podemos obligarnos con un imperativo «¡perdona!», como no podemos obligarnos con un imperativo «¡suelta!» Lo que podemos hacer es crear las condiciones en las que es probable que se produzca el perdón, empezando con el pleno reconocimiento de la situación y de cómo nos sentimos. Hasta que seamos honrados con nosotros mismos respecto de nuestro dolor o resentimiento, no podemos esperar dejarlo atrás. Educados en la idea de que el perdón es un acto desinteresado, ejecutado en beneficio de otros a nuestras expensas, olvidamos que la compasión comienza por uno mismo y que debemos ocuparnos de nuestras propias heridas antes de que podamos abrir el corazón a los demás.

Muchas personas confunden el perdón con el desinterés y se preguntan por qué no pueden controlarlo. Al intentar transcender su propia experiencia y «hacer lo que está bien», muchas personas bienintencionadas descubren que no pueden perdonar si se dejan a sí mismas fuera de la ecuación. Cuando comprendemos el perdón como un acto compasivo hacia nosotros mismos que se extiende a los otros cuando somos capaces de ello, empezamos a comprender lo que Helen Whitney quiere decir cuando habla de «perdones» en plural. Cada situación requiere ser resuelta con habilidad de forma particular. Si esperamos hasta que nuestros motivos sean completamente puros y los sentimientos residuales sean algo del pasado, serán pocas las posibilidades de que podamos llegar a perdonar en nuestra vida. Por el contrario, cuando podamos ver el perdón como una herramienta de supervivencia y también como un acto espiritual, nuestros requisitos y expectativas propias se reducirán a proporciones más realistas.

Mantengamos o no que algunos actos son imperdonables, no hay duda de que algunos son tan graves, tan importantes, que no pueden incluirse con facilidad en ningún enfoque convencional del perdón. Esto no significa que no podamos ir más allá de las acciones de nuestros enemigos. Como dijo un superviviente del Holocausto: «Nunca olvidaré, y nunca perdonaré. Pero eduqué a mis hijos para el amor y no para el odio».

Después de haber sobrevivido a ese tipo de trauma, el compromiso de enseñar a los hijos a amar en vez de a odiar es un testimonio de la bondad inherente de los seres humanos. Ese «perdón por compartimentos», en el que respetamos nuestros sentimientos auténticos y dolorosos al mismo tiempo que conseguimos ir más allá del daño, informaba la reacción de un superviviente del 11 de septiembre al enterarse de la muerte de Osama bin Laden. Citado en el blog de Andrew Sullivan, *The Dish*, el autor decía:

Yo estaba en el piso sesenta y dos de la Torre 1 cuando chocó el primer avión, y estaba en el centro de mando de la policía (en el edificio 5 del World Trade Center) cuando la Torre 2 se derrumbó por encima de nosotros. También soy católico.

Cuando dejé el partido de béisbol entre los Mets y los Phillies (en la televisión) la noche del domingo para ver al presidente «anunciar» la noticia que ya todo el mundo parecía conocer, no tuve ninguna mezcla de emociones. Ese hijo de puta mató a mis amigos, colegas, conciudadanos neoyorquinos, compatriotas americanos, seres humanos como yo. Aún peor, inspiró a miles, si no más, a aceptar un nihilismo ciego como su credo, en apariencia en nombre de Alá, «el misericordioso, el compasivo». Todo el dolor que trajo a este mundo no ha sido medido ni podrá ser medido en el tiempo de nuestra vida. Me senté en mi sofá el domingo por la noche, me serví un vaso de whisky irlandés y brindé por la muerte del hombre que había tratado de matarme...

Luego subí las escaleras para mirar a mis tres hijos que dormían –el mayor nacido en 2002– y les di un beso. Luego me instalé junto a mi esposa, mi querida esposa, que mañana hará diez años que se casó conmigo y que está embarazada de nuestro cuarto hijo. Durante muchas y largas horas, ella pensó que su marido –con el que entonces llevaba cinco meses casada– había muerto aplastado en las Torres. Puse mi mano en su vientre, cerré los ojos y pedí que Osama bin Laden conociera la plenitud de la misericordia de Cristo.[4]

Conozco a muchas personas cuya vida se ha visto afectada por la violencia: un amigo cuyo sobrino fue asesinado; otro amigo cuya sobrina fue asesinada; otro cuya hija fue asesinada; un montón de personas que han escapado de relaciones de abuso, o han sido violadas, o tienen una historia de terribles maltratos sexuales o físicos en su infancia. He aprendido de todas ellas que al tratar con nuestros enemigos es necesario que no nos convirtamos en agentes de la venganza con el corazón cerrado y la mente estrecha; es preciso que no pensemos en dedicar el resto de nuestra vida a conseguir la ruina de quienes nos han perjudicado. Ellos me han mostrado que podemos dedicarnos a promover el cambio –para niños, para mujeres, para ancianos, para cualquier persona vulnerable o con miedo–, en vez de obcecarnos en la venganza.

Para algunos eso ha significado que, en lugar de obsesionarse con la forma de hacer sufrir a los malhechores, han decidido centrarse en la defensa de quienes están privados de derechos, de las personas que se sienten sin esperanza, tan privadas de dignidad y apoyo social que arremeten contra otros en la creencia de que nadie se preocupa por ellos. De otro modo, dicen estos activistas, seguiremos siendo parte del problema, perpetuando la violencia en nombre de la justicia, reaccionando de forma inconsciente a los rencores personales y a la llamada seductora del desquite.

Ellos me han enseñado que no hay por qué dedicar la vida a conseguir un ajuste de cuentas. Si podemos desprendernos de esa necesidad ardiente y de nuestra fijación en la ira, entonces podremos empezar a comprender la posibilidad de experimentar realmente el poder generativo de la compasión. La fuerza de la compasión nos conduce hacia la vida, la apertura, la renovación y el amor. Así es como nuestros enemigos se convierten en nuestros más grandes maestros espirituales.

2. La victoria sobre el enemigo interior

Hay muchas ocasiones en la vida en que no podemos evitar perder la paciencia. Alguien nos ataca o nos provoca, sentimos que la emoción es la única manera de no quedar paralizados por el miedo en una situación peligrosa, no podemos soportar algo que nos está sucediendo a nosotros o a otros y que nos saca de nuestras casillas. A veces nuestra acción acalorada parece servir de ayuda; conseguimos el resultado inmediato que deseamos. Pero incluso en esos casos, habitualmente nos sentimos mal después, comprendemos que nuestra reacción excesiva causará a la postre más problemas, nos quedamos agotados, perdemos un amigo potencial, y hemos poblado nuestro universo con un enemigo potencial aún más peligroso. Cuando maduramos y adquirimos más experiencia con los resultados negativos y los efectos secundarios del hábito de la ira, cambiamos nuestras prioridades y decidimos mejorar el dominio de nuestras reacciones emocionales. Nos cansamos de estar siempre agitados por incontrolables impulsos interiores y decidimos que realmente tenemos que ser capaces de dominar nuestras energías fuertes, y no ser dominados por ellas. Entonces estamos dispuestos a enfrentarnos con nuestros enemigos interiores.

Existen demasiados, una multitud de fuerzas poderosas dentro de nuestra mente, deseos obsesivos, ira ardiente, envidia desasosegante, competitividad estresante, orgullo estúpido, obcecación en el error y convicciones farisaicas. Son energías adictivas porque nos agarran desde dentro pareciendo incrementar nuestra energía y expandir nuestro ser, pero que nos defraudan muy pronto y nos dejan en una situación aún más vulnerable. La palabra budista para ellas (*klesha* en sánscrito; *kilesa* en pali) procede del verbo *klish-*, que significa «retorcer, dar vueltas», «tergiversar» o «atormentar». Nos hacen daño siempre y por eso se califican resueltamente de «enemigos».

De todos ellos, la ira es el supremo enemigo interior. Es inimaginablemente destructiva. Uno de mis maestros budistas, Tara Tulku, solía decir que el componente más importante de una bomba nuclear es la ira alimentada por el odio. Lo que impele a un ser humano a apretar el botón, a dar la vuelta a la llave, a apretar el gatillo para provocar una inimaginable destrucción física es la mentalidad del odio generando la ira. Es importante reconocer que en una evaluación global de la acción con sus consecuencias, *el pensamiento es acción*. No solo motiva la acción física, *es* acción física, aunque sutil. Tiene consecuencias en el mundo físico, y da forma a cambios evolutivos, positivos o negativos, en las vidas del pensador que actúa en la mente. En efecto, partiendo del discernimiento de que el pensamiento es el acto más poderoso de todos, las tradiciones espirituales y psicológicas de todo el mundo se basan en las ciencias mentales para disminuir la influencia de los pensamientos negativos y configurar los pensamientos de manera positiva.

La ira es el deseo de destruir el objetivo. Es el arrebato de la fuerza destructiva que hace que la persona suelte un golpe y, en muchos casos, destruya vidas de manera imprudente, destruya el entorno, destruya la forma de vida de quienes son percibidos como enemigos. En las enseñanzas budistas se dice que un solo momento de odio contra un ser iluminado produce eones de efectos negativos, llevando a la persona que odia a pasar un tiempo en el infierno.

La ira es como una adicción poderosa. Somos adictos a la ira como un estado de ser y una manera de actuar en el mundo. Pero si queremos tener algo de paz, debemos reconocer el odio y la ira como compulsiones potencialmente letales que es preciso abandonar. Como cualquier adicto, tenemos que comprender el enorme poder de estos impulsos mentales para decidir realmente que debemos liberarnos de ellos.

No tenemos que dejarnos confundir por la idea de que a veces la ira tiene una posible dimensión positiva, como la capacidad de impulsarnos a actuar contra la injusticia. En realidad, son el juicio crítico y el compromiso ético lo que nos mueve a actuar para corregir la injusticia, y, si la ira está mezclada con ellos, solo tiende a hacer que esa acción se torne ineficaz. Esas formas de argumentación son como sustancias adictivas que se mantienen agarradas a nosotros. Sería como decir que puesto que a veces se utiliza la heroína para los cuidados paliativos de enfermos terminales, la adicción a la heroína no tiene nada de malo. Debemos tener claro que la ira y el odio no sirven para ningún propósito útil y, en todos los casos, son categóricamente destructivos, aunque a veces sus efectos nocivos no aparezcan de manera inmediata. Aunque decidamos que la ira es mala para nosotros, como cualquier adicción, para llegar al punto de decidir eliminarla de forma definitiva tenemos que saber de un modo preciso con qué estamos tratando. La ira surge cuando la irritación, el fastidio y la frustración crecientes estallan en un impulso irresistible de responder de una manera que es siempre perjudicial a lo que se percibe como el origen de esos sentimientos. Dominados por la ira, no somos ya dueños de nuestros pensamientos, palabras o acciones. Una vez que sucede esto, no estamos «expresando nuestra ira», como se dice con frecuencia para justificar una supuesta liberación saludable, sino que, más bien, nos hemos convertido en el instrumento involuntario de la rabia. No estando ya al mando de la situación, nos hemos convertido en su efecto. ¿Quién elegiría estar enfurecido de esa manera si pudiera permanecer manteniendo el control de sus sentimientos y actuando con habilidad, aunque el objetivo sea irritante? ¿No preferiríamos que nuestro juicio permaneciese claro y seguir conservando la posibilidad de elegir libremente nuestras acciones? La ira o el odio únicamente tienen como resultado arranques violentos cuando estamos inflamados por la rabia y nuestro sentido común ha saltado por la ventana. Este tipo de ira, que es «alocada», es decir, demente en su furia, destruye todo en su camino, en especial nuestro equilibrio emocional.

Si el primer paso hacia la liberación de nuestra adicción a la ira es decidir que debemos romper el círculo, nadie podrá ayudarnos mejor a llevar el síndrome de abstinencia que el gran sabio indio del sigo VIII Shantiveda, un científico budista de la mente en la célebre Universidad de Nalanda. Es más conocido como autor del *Bodhicharyavatara* (Introducción a la conducta del bodhisattva), un texto práctico escrito originalmente en versos sánscritos que se ha hecho tan popular en Occidente que ya han aparecido varias traducciones en inglés y en otras lenguas europeas. Se considera que su enseñanza sobre la tolerancia y la compasión contiene la suprema metodología budista para el desarrollo del amor y la compasión hacia todos los seres.

En la tradición tibetana, se piensa que la enseñanza se transmitió a través de una línea de maestros vivos que ha continuado ininterrumpida desde la época del Buda hasta la actualidad, y que tal vez Shantideva haya sido el autor más elocuente de esa tradición. Se considera que el actual decimocuarto Dalái Lama del Tíbet es el principal representante de esa línea de enseñanza, y cualquier persona que se haya sentido alguna vez conmovida por los discursos sobre la compasión de Su Santidad ha estado en contacto con esa tradición viva.[5] Shantideva nos ayuda a motivarnos, haciéndonos comprender que estar furioso es como morder la mano que nos alimenta: por ejemplo, compara esa furia alocada con lo que podría ser el acto de desahogar nuestra ira contra un *bodhisattva*, un ser que solo tiene interés por nuestro bien en su corazón. Esta es una actitud manifiestamente autodestructiva: ¿por qué injuriar a alguien que solo quiere beneficiarnos? Sería como enfurecerse con Jesús, María, Moisés o Mahoma, o incluso con Dios; en otras palabras, enfurecerse con un ser que consideramos la fuente de toda bondad.

La ira y el odio conectan con lo que muchos consideran que es el mal supremo. En todas las creaciones culturales de la imaginación, el diablo –la personificación misma del mal– inflige dolor y sufrimiento por medio de acciones malévolas. Y puesto que su motivación para dañar a los demás consiste en impulsos mentales de ira y odio, es evidente que ese mal está enraizado en la ira y el odio; esta es la fuente de todos los actos malvados. En la teoría biológica budista del *karma*, la adicción a la ira y el odio conduce finalmente a renacer en uno de los treinta y dos infiernos, que aparecen descritos en la literatura con detalles espantosamente horripilantes.

La ira y el odio quieren que su víctima sienta dolor y sufrimiento, mientras que el amor y la compasión quieren que sus seres queridos sientan alegría y felicidad. Lo más opuesto a la ira es el amor, el deseo ferviente de que los otros sean felices. Pero en la etapa en que nos enfrentamos al enemigo interior, cuando todavía estamos aprendiendo a manejar nuestra adicción a la ira, apuntar al amor nos empujaría demasiado lejos. No es realista pensar que se puede pasar de forma inmediata de la ira y el odio a la compasión y el amor. La paciencia está en el terreno intermedio, el lugar de la tolerancia, la indulgencia y, con el tiempo, el perdón. Puede que sigamos todavía irritados cuando nos hacen daño (o cuando pensamos que nos lo hacen), pero no nos perderemos en la ira mientras podamos tolerar la irritación, ser pacientes con el daño y el que nos lo hace, abstenernos de reaccionar de manera vengativa, y tal vez incluso perdonar el daño causado. La paciencia es el antídoto de la ira, y el amor puede surgir libremente sobre la base de la paciencia como lo radicalmente contrario del odio. Así pues, para enfrentarnos con nuestro enemigo interior debemos estar resueltamente decididos a cultivar la paciencia.

LA IRA

La ira es lo contrario de la amabilidad amorosa, el espíritu de amistad ilimitada hacia nosotros mismos y hacia los otros. La ira y la aversión nos hacen rechazar violentamente lo que sucede, en un esfuerzo por mantenernos alejados de la situación. La ira nos hace definir lo que sucede en el momento como insoportable: «No puedo seguir con las cosas tal como son».

La ira adopta muchas formas, desde la culpa, el miedo y la hostilidad a la impaciencia, la decepción y la ansiedad. Tendemos a entender mal la ira y las respuestas que le damos. Es a veces difícil conjugar la necesidad de reconocer la ira, en vez de tenerle miedo, con el conocimiento de que actuar sobre la base de la ira –o peor, ser gobernados por ella– puede tener consecuencias perjudiciales, incluso graves. Para convertirnos en seres humanos integrales, necesitamos cultivar la conciencia de lo que estamos sintiendo exactamente y de cómo respondemos. Cuando las emociones son inaceptables para nosotros, a menudo nos engañamos a nosotros mismos para distanciarnos de ellas. Solo cuando seamos capaces de reconocer plenamente emociones poderosas como la ira desarrollaremos la autocomprensión.

El Buda dijo: «La ira, con su fuente envenenada y su culminación febril, es mortíferamente dulce». En efecto. Pero con la dulzura mortífera llega el dolor. La satisfacción de un estallido de ira dura muy poco. No menos doloroso, sin embargo, es el sentimiento de desconexión y aislamiento que obtenemos de negar nuestra ira, que nos distancia del mundo que nos rodea. Abrumados por la ira, tratamos de aliviar nuestro dolor separándonos de la persona o la situación que nos enoja. Esta es una receta para la soledad, que nos encierra en los confines de la reactividad y la rabia.

La ira, como el fuego del bosque, quema su propio soporte, dijo el Buda. Nos deja en situación de carencia, al destruir nuestro bienestar, y nos encalla lejos de donde quisiéramos estar. Pensemos en lo que sucede cuando somos superados por la ira. Primero, aislamos al enemigo –el problema, la persona o la situación– y nos centramos implacablemente en él. Perdidos en este estado colérico, estamos como en un túnel e incapaces de ver una salida. Olvidando por completo la ley del cambio –«también esto pasará», como dice el viejo proverbio–, encerramos el problema y a nosotros mismos en una caja de supuesta permanencia («así son las cosas y siempre serán así»). Incapaces de ver alternativas o de imaginar una verdad mayor que nuestra queja o nuestro dolor inmediatos, terminamos sintiéndonos indefensos y abrumados.

Sin embargo, yo afirmaría que la ira puede tener su utilidad. Cuando nos vemos enfrentados a la crueldad o la injusticia, la ira puede ayudarnos a quemar la niebla de la apatía. Cuando nos vemos enfrentados a nuestros demonios interiores, la ira en la forma de exasperación puede inducirnos a realizar cambios que el conformismo no motivaría. Cuando nos descubrimos en una situación en la que nos parece que no nos ven, no nos oyen, o no nos aprecian, la frustración puede zarandearnos para que despertemos y proporcionarnos el valor necesario para hablar más alto. La ira puede hacer desaparecer los ángulos muertos y ayudarnos a ver más allá de los detalles sociales: a veces la persona furiosa es la única que dice la verdad al poder o se niega a aceptar la hipocresía. En suma, la ira puede ser una fuerza positiva cuando aprendemos a aprovechar su capacidad para buscar la verdad sin perdernos en el fariseísmo o en una furia explosiva. Pero a pesar de los potenciales aspectos positivos que pueda presentar la ira, su uso hábil es la excepción y no la norma. Mucho más a menudo –en realidad, casi siempre– la ira estrecha la mente y cierra el corazón, dejándonos confundidos, amargados y solos.

La práctica de la atención plena nos abre un mundo de opciones para trabajar con la ira. Normalmente, nos perdemos en la historia de los acontecimientos y nos identificamos con la ira: *Ellos hicieron aquello, así que yo voy a hacer esto otro, y mi acto vengativo los destruirá.* O podemos entrar en el camino de la autocondena: *Soy una persona terrible; soy un completo desastre; no puedo creer que siga estando furioso. He estado siguiendo una terapia durante diez años, ¿cómo puedo seguir estando furioso? Tal vez sea un tipo de terapia equivocada.*

Pero usando la plena atención decimos: *Oh, es la ira. Sí, se trata de la ira.* Si podemos mantener este tipo de equilibrio, entonces somos capaces de colocar la ira a un lado y verla en su verdadera naturaleza. ¿Y qué vemos? Vemos su naturaleza compuesta, condicionada y siempre cambiante. Vemos que contiene muchas emociones –tristeza, miedo, indefensión, ansiedad– entrelazadas. Ninguna de esas emociones nos hace sentirnos bien, pero al menos nos muestran que estamos tratando con un sistema vivo. Entonces, si decidimos hablar o actuar, podemos hacerlo desde un lugar de reconocimiento de todos esos sentimientos, y no solo desde el nivel más alto de la ira.

Al lograr discernimiento en la naturaleza de la ira, percibimos también la naturaleza del cambio. Apreciamos la evanescencia de los sentimientos que parecen tan sólidos e ingobernables. Sabiendo que pasarán, disminuye su poder para apoderarse de nuestra mente, algo que tal vez nunca antes apreciamos, puesto que estábamos demasiado ocupados en reaccionar. En lugar de dejarnos atrapar en quince acciones lamentables después de sentir ira por primera vez, desarrollamos una sensibilidad visceral a lo que está sucediendo en ese momento dentro de nosotros y, por medio de la atención, podemos modelar nuestra reacción en cada instante.

Para afianzar la determinación de eliminar la ira y el odio de nuestra reserva de instintos impulsivos, solo tenemos que reflexionar sobre cómo nos sentimos cuando estamos dominados por la ira en los primeros momentos de explosión, y sobre lo asqueados que nos sentimos por el odio enconado en nuestro interior, incluso después de que nuestra furia se haya calmado. Una vez que nos hemos rendido a la ira, una vez que nos sentimos justificados en nuestro odio, nuestra energía está constantemente perturbada. Aunque algo nos distraiga haciéndonos sentir un momento de placer, pronto el pensamiento de odio hacia la persona o la situación insoportable se inmiscuye y echa a perder nuestro buen humor. El nieto o el mejor amigo o el ser querido que normalmente nos deleitan con su sola presencia de súbito parecen irritantes, su cariño demasiado empalagoso, su presencia una pérdida de tiempo, porque nuestra mente anhela volver a calcular cómo podemos destruir a cualquiera, o a cualquier cosa, que nos haya enfadado, a la víctima de nuestros pensamientos de odio. Por la noche no nos será fácil dormir, pues estaremos inyectados de frustración porque no podemos vengarnos de nuestro enemigo.

Fisiológicamente, el estado de ira y odio produce una hormona de estrés, el cortisol, que descompone los tejidos del cuerpo y perturba la química de la sangre y el sistema circulatorio. La gente que vive en un estado de constante irritación o rabia tiene riesgo de tensión sanguínea elevada, derrames cerebrales y ataques al corazón, y son propensos a la artritis por la inflamación de las articulaciones. Cuanto más examinemos la ciencia de la ira y comprendamos que la rabia está en el origen de las emociones destructivas, más poderosa se volverá nuestra determinación de liberarnos de sus garras obsesivas. Shantideva denomina a la mente poseída por la ira y el odio «mente herida». La ira y el odio nos hieren en el cuerpo, la mente y el espíritu.

Cuando algo o alguien nos ha herido, dice Shantideva, la ira que sentimos es una segunda herida, que nos afecta desde nuestro interior. La mente no puede descansar cuando la ira hacia la persona que nos ha dañado agita dentro el deseo de venganza. Las cosas que normalmente te causan placer, incluso alegría –el rostro de la persona que amas, la buena comida, un espectáculo agradable, el placer sensual–, pierden su atractivo en el momento en que te enfadas. Cuando estás realmente enfadado, tu mente reproduce la herida una y otra vez, urdiendo el modo de tomar represalias de la misma especie o peores.

La ira es como el fuego, explosiva, ardiente. Otras veces, el odio puede ser helado, como nieve carbónica, pero dispuesto a explotar de nuevo cuando la víctima se acerca. La ira echa a perder relaciones en las que debería haber reciprocidad. Incluso aquellos que dependen de nosotros en cuanto a su modo de vida y dignidad llegarán a odiarnos y esperarán la oportunidad de hacernos daño o incluso destruirnos si los hacemos constantemente objeto de nuestra ira.

Puedes tener una familia adorable, amigos íntimos, socios en los negocios, o compañeros en una aventura, pero si periódicamente estallas contra ellos, el afecto real se verá moderado o incluso aniquilado. Conozco todo esto demasiado bien, por haber tenido muy mal carácter desde joven. Intimidado por mi hermano mayor, usaba todo un repertorio del mal humor para intentar defenderme. De ese modo, me volví adicto a la ira. Pero no tenía la fuerza o la intención destructiva necesaria para asustar realmente o hacer daño a mi hermano, a quien de hecho idolatraba; por eso, cuanto más furioso me ponía, menos impresionante era mi exhibición de mal humor. Las sustancias adictivas son así: cuando abusas en exceso de ellas y te vuelves dependiente, dejan de darte el resultado deseado. Este es el engaño mayor. La ira y el odio parecen ayudarte, darte fuerza, pero al final hacen tus circunstancias más difíciles, y te debilitan en el proceso. Mientras tanto, mantener la ira y el odio en tu ser, permitir que configuren tu perspectiva, te destruye poco a poco desde dentro.

Recientemente encontré a una vieja amiga, una mujer con la que comparto muchas ideas, en particular nuestra opinión sobre algunos líderes mundiales descaminados. Pero mi amiga, noté, había estado alimentando la ira y el odio hacia ellos durante demasiado tiempo, y cuando empezó a despotricar, aunque estaba predicando a gente convertida, todo lo que su estallido de ira logró fue retorcerle el rostro, revelando lo deslavazado de sus emociones. Me entristeció mucho ver un rostro hermoso sofocado por una ira frenética y una rabia impotente. Se sentía mal, y todos los que la escuchaban se sentían mal. Era claramente incapaz de resultar convincente en sus intenciones de reforma porque estaba entregada a la ira y el odio. Y al no ser ya capaz de sostener su causa de ninguna manera útil, ella misma se había convertido en parte del problema. Este tipo de rabia puede muy bien ser la razón de que con frecuencia las revoluciones tengan como resultado un liderazgo aún más opresor que el régimen al que pretendían reemplazar.

Cualquier enemigo que nos ataca lo hace sólo como una herramienta del odio y la ira. Y cuando contraatacamos de manera airada, el diablo del odio ha encontrado otra víctima en nosotros. También nosotros nos convertimos en instrumento de la ira, igual que lo era nuestro enemigo, y el diablo del odio disfruta de lo lindo viendo cómo nos destrozamos mutuamente. Siempre que la ira y el odio están implicados, siempre salen ganadores. La única salida de este círculo vicioso es reconocer que el verdadero enemigo es la propia ira. Ese es el enemigo al que debo derrotar para encontrar a mi amiga real, la felicidad.

Una vez que se ha comprendido que la ira es el mayor enemigo, eso simplifica la batalla por descubrir la felicidad. Puesto que tu principal enemigo está dentro de ti, puedes atacarlo, contemplar su raíz, observar sus manifestaciones, armarte contra él y trabajar para desarraigarlo. Entonces estarás libre de su capacidad de hacer daño. Podrás superarlo poco a poco para alcanzar la felicidad que buscas.

Este es el descubrimiento radical de la psicología budista. No tenemos que resignarnos al sufrimiento continuo, a la indefensión no solo ante los enemigos exteriores, sino también, más importante, ante los propios enemigos interiores, nuestros impulsos y exigencias. No tienes que rendirte y limitarte a dejar que tus pasiones te golpeen en cualquier parte y en cualquier momento. Puedes llegar a ser consciente de lo que anteriormente eras inconsciente. Puedes comprender tus instintos, ver de dónde proceden, y luego bloquear esa fuente y recuperar esa energía para destinarla a un uso positivo, para conseguir tu felicidad y la felicidad de tus seres queridos.

LA PACIENCIA

Paciencia no significa, como por regla general suponemos, soportar amargamente los acontecimientos, sino más bien poseer una imagen mucho más amplia de la vida. La paciencia implica reconocer cómo podemos continuar –incluso seguir nuestro camino de forma satisfactoria– a través de los altibajos, los giros y los cambios de rumbo, los triunfos y las tragedias.

Cultivar la paciencia no supone volverse apático ni sucumbir a un sentimiento de impotencia. En lugar de adoptar esas actitudes, recordamos la sencilla verdad de que no podemos dominar los acontecimientos que se desarrollan a nuestro alrededor. Paciencia es, entonces, conciencia pacífica en medio de las tormentas de la vida a la intemperie, lo que nos proporciona capacidad para seguir adelante en medio de la adversidad.

En la enseñanza budista, esta cualidad se vincula con la ecuanimidad. Ecuanimidad no significa no preocuparse por lo que sucede o deja de suceder, ya sea a nosotros o a otras personas. Por supuesto, nos preocupamos. Más bien la ecuanimidad, como voz de la sabiduría, nos recuerda simplemente que la vida es una serie de subidas y bajadas sobre las que tenemos muy escaso control. Podemos y debemos hacer todo lo que esté en nuestra mano para aliviar el sufrimiento y promover la felicidad de los demás. Pero, al final, no está a nuestro alcance manejar el universo. E incluso cuando se manifiesta el cambio, este podría no coincidir con nuestros planes. Reconocerlo procura discernimiento a nuestra compasión, y realismo y sostenibilidad a nuestros esfuerzos por actuar de forma significativa en el mundo.

Me ha resultado inspiradora la figura de Larry Brilliant que, como médico joven en la India en la década de 1970, fue una personalidad importante en el éxito de la campaña para erradicar la viruela. Larry visitó templos en los que se suplicaba ayuda a la diosa de la viruela, buscando casos de los que no se tenía información; recorrió a pie los pueblos de la jungla a temperaturas de casi 50°C; pintó carteles relativos a la salud pública en los costados de los elefantes y en *rickshaws*; y vacunó y trató a miles de pacientes. Cuando la Organización Mundial de la Salud declaró que el mundo estaba libre de la viruela en 1980, Larry envió a sus amigos una postal inolvidable, con una imagen devastadora de la última víctima a un lado y una bendición de su maestro espiritual al otro. Gritaba un aleluya glorioso que se repitió en todo el mundo.

Hace pocos años, caminaba yo por la ciudad de Nueva York, pensando en las noticias de la mañana sobre las previsiones en materia de terrorismo y en la terrible perspectiva de que la viruela pudiera ser utilizada como arma, traída de nuevo al mundo por el odio y el terror. De repente pensé en Larry, en su postal, y en la desesperación que probablemente sentiría al ver amenazada, y tal vez destruida, la obra a la que había dedicado cariñosa y eficazmente su vida. Ese mismo día, más tarde, cuando le telefoneé, descubrí que, aunque lleno de consternación ante la posibilidad de que los terroristas pudiesen desenterrar una enfermedad extinta, su ánimo asombroso permanecía impávido. «La erradicamos una vez –dijo–. Podríamos hacerlo de nuevo.»

Cuando estamos verdaderamente decididos a librarnos de la ira y el odio, necesitamos comprender sus mecanismos mentales. Aquí es donde existe una gran diferencia entre la enseñanza de Shantideva y las enseñanzas de muchas autoridades religiosas (incluidas algunas budistas) que simplemente piden no incurrir en la ira, puesto que se trata de un «pecado mortal». En vez de decirnos meramente que suprimamos la ira, el manual psicológico de Shantideva nos ayuda a ahondar en el problema de la ira y a tomar conciencia de cómo funciona cuando se alía con el odio. Se trata de un planteamiento más activo.

Incluida en la definición de la ira como adicción está su capacidad de exaltarnos. Nos exaltamos cuando la pasión adictiva anula nuestra razón y nuestro sentido común, y hace de la mente, las palabras y el cuerpo sus herramientas. Utilizando la conciencia atenta, observamos cómo surge la ira. Podemos comprobar entonces fácilmente que la ira no estalla de repente, sin avisar. Hay una fase durante la cual empiezas a sentirte muy incómodo, con tensión en el plexo solar y una sensación asfixiante en la garganta, y a veces incluso con una sensación de náusea en el estómago y un arrebato de calor. Experimentas una fuerte incomodidad física y mental. Antes de que se produzca la ira real, hay una especie de malestar mental o frustración que aparece unido a la conciencia de que está sucediendo algo que no quieres o de que lo que quieres se está viendo frustrado. Aunque tu irritación con la situación vaya en aumento, todavía sigues siendo razonable en este punto.

La clave es intervenir mental, verbal o físicamente tan pronto como sea posible, disipar tu incomodidad interna o abordar la situación exterior con energía. Este es el momento de actuar enérgica y resueltamente, más que de suprimir tus sentimientos de incomodidad. En este momento, antes de que tu frustración estalle como ira, tiendes a ser vívidamente consciente, tu juicio sobre los procesos causales implicados en la ira es correcto, y tienes la oportunidad de actuar de manera eficaz.

Si hay algo físico o verbal que puedes hacer sobre la situación exterior, debes hacerlo con urgencia y contundencia. Debido a tu intensidad, algunas personas pueden pensar que tus acciones están alimentadas por la ira. Pero, en realidad, todavía no estás enfurecido, no has perdido el control. Al ser consciente y descubrir ese hueco momentáneo antes de que los mecanismos reactivos entren en acción, exhibes una fuerza que es controlada, medida y bien dirigida, respondiendo con la elegancia y la gracia de un practicante de artes marciales. Si no puedes actuar física o verbalmente porque la otra persona implicada en la situación no puede ser influida de manera eficaz, puedes redirigir tu mente a desactivar tu incomodidad y frustración, usando esa energía para desarrollar una cierta inmunidad mental ante la situación. Puedes utilizar tu dolor por cualquier daño que te hayan hecho para evolucionar creativamente en tu interior, sin perder tu humor ni suprimir tu rabia para enconarla como odio glacial. Decides dirigir tu mente hacia el desarrollo de una mayor tolerancia, para empatizar con los agentes del daño, a fin de ampliar tu comprensión de su situación y ver lo que los hace nocivos, es decir, lo que los hace entregarse a su ira y su odio, y para profundizar tu determinación de no actuar nunca de esa manera ni causar ese dolor a ninguna otra persona.

Si actúas de cara al exterior, tu compromiso activo será mucho más efectivo si eres razonable y controlas tu energía que si estás descontrolado y reaccionas de forma excesiva. Siempre es posible que, hagas lo que hagas, seas incapaz de incidir sobre el resultado exterior, y que tu miedo fundamental, en definitiva, se haga realidad. Pero, en ese caso, puedes volver e intervenir en tu mundo interior, en tu mente.

Independientemente del resultado, es imperativo permanecer alegre. Eso no significa poner una cara falsa, ocultando tu malestar y frustración, y fingiendo estar estupendamente, cuando en realidad te sientes cada vez más agitado. Ese planteamiento no funciona nunca. Pero cuando actúas con energía para cambiar la situación mientras todavía hay esperanza de que tu intervención pueda ser eficaz, serás adecuadamente contundente, incluso agresivo si fuera necesario. Pero cuando no puedes hacer nada externamente, cuando las circunstancias son demasiado graves y tu poder de intervención es demasiado débil, debes trabajar interiormente para cambiar tu percepción de la situación de modo que no actúes de manera reactiva.

«Pero ¿cómo puedo cambiar mi percepción de una situación que no va como yo quiero?», podrías preguntar. Existen varias maneras de hacerlo. Puedes distraerte considerando lo que te va bien, pensando que las cosas podrían ser todavía peores. O puedes examinar más profundamente lo que te está preocupando y cuestionarte la interpretación que haces de ello. La interpretación funciona siempre subliminalmente, afectando a tu percepción de lo que parece ser un hecho objetivo. Para hacer más realista tu percepción, puedes utilizar la investigación crítica a fin de poner a prueba tu certeza sobre lo que está sucediendo. Luego puedes empezar a cambiar tus sentimientos acerca de ello. Tienes entonces el espacio necesario para comprender cómo la aparente desventaja de ver frustrados tus deseos y esperanzas puede ser utilizada, por el contrario, en tu beneficio. Puedes aprovechar la ocasión para cultivar la tolerancia y la fuerza. Una vez que ves claramente tu sentimiento de certeza sobre lo que está mal, puedes contemplar la situación desde otra perspectiva y plantearte una situación desfavorable como un reto que debe ser superado. Como mínimo, comprenderás que alterarte no va a mejorar la situación; solo añadirás enojo a tu frustración y a tu infelicidad.

Cambiar la percepción, hágase de un modo o de otro, es algo crucial, puesto que se está tratando con una adicción. Igual que los adictos a una sustancia están seducidos y piensan que la sustancia aliviará su malestar, la ira se te presenta a la mente como tu energía útil. Te lleva a formular un pensamiento más o menos como este: *¡Esta situación es inaceptable, indignante! Debería explotar con furia, y mi ardiente energía consumirá el obstáculo y resolverá la situación.* Tal vez esa solución funcionó en el pasado, pero ahora es esencial ver qué más puedes hacer con el dolor que estás experimentando.

NUESTRA MENTE RADIANTE POR NATURALEZA

Hay un discurso muy hermoso del Buda en el que dice: «La mente es radiante por naturaleza. Es brillante. Si sufrimos, es a causa de las fuerzas que actúan sobre ella». Una de las cosas que siempre me han impresionado más en las enseñanzas budistas es su carácter incluyente. El Buda no dijo que la mente de algunas personas fuera radiante y pura, pero que la tuya, bueno…, no tanto. Dijo que la mente de todo el mundo es radiante y pura. Y no dijo tampoco que, debido a las fuerzas que actúan sobre nosotros, seamos malas personas. Dijo que, debido a ellas, sufrimos.

Sabemos bien cuáles son esas fuerzas: ira, codicia, avaricia, envidia y miedo, entre otras. A veces, cuando surgen, les entregamos todo nuestro poder. Ellas asumen ese poder, definen el momento y nuestro sentimiento de quiénes somos y de todo lo que seremos. Otras veces nos sentimos asustados o apenados ante su llegada, consternados porque, una vez más, no podemos controlar lo que viene a nosotros. (Aunque, realmente, ¿cómo podíamos haberlo controlado?)

Tanto si permitimos que los visitantes negativos se apoderen de nosotros como si los rechazamos, sufrimos. Atrapados en su abrazo, nos identificamos con unos estados mentales malsanos, bien proyectando esos malos sentimientos sobre otros y creándonos enemigos en el mundo, bien haciendo un enemigo de nosotros mismos con pensamientos como: *Soy una persona envidiosa, y siempre lo seré. Así soy yo realmente.* Una vez que nos entregamos a esas fuerzas que nos visitan, perdemos toda opción en cuanto a nuestra forma de actuar: estamos encerrados en un estado mental negativo.

La próxima vez que seas visitado por una fuerza negativa –el miedo o la ira, por ejemplo– prueba a adoptar una perspectiva diferente. En lugar de pensar en la fuerza visitante como si fuera el enemigo y rechazarla, o de rechazarte a ti mismo por acogerla, contémplala simplemente como *sufrimiento*. Eso te dará la posibilidad de establecer una relación muy diferente con el miedo o la ira, una relación enraizada en la compasión. Podemos cultivar una mente libre de enemistad hacia nuestros pensamientos y sentimientos, y así, al mismo tiempo, evitamos ser derrotados por ellos.

La adicción a un hábito mental es un proceso más sutil que la adicción a una sustancia física como las drogas, el alcohol o la comida, o a una conducta como el juego o el sexo compulsivo. Un hábito mental llega a ti como un imperativo de tu propia naturaleza; por eso mismo, es mucho más difícil resistirse a él. Como adicto a la ira ya antes has experimentado el arrebato, el punto álgido de la expresión de cólera, así como el hundimiento terrible después de haber actuado en nombre de la ira, lo que viene a empeorar todavía más las cosas. Sin embargo, en el momento de la tentación, puedes echar a un lado ese recuerdo cuando eres alcanzado por el anuncio del arrebato. Ahí es donde el reconocimiento de la ira como enemigo adquiere una importancia crucial y comienza el yoga para dominar de la ira. Es esencial que vuelvas a tu decisión de que la ira debe ser eliminada.

Aquí es apropiada la sentencia clásica de Shantideva, que añade además un toque de humor (siempre una buena arma en la lucha contra la ira): «¿Por qué sentirte infeliz si puedes hacer algo para evitarlo? Y si no puedes hacer nada, ¿qué ganas sintiéndote infeliz?».

En otras palabras, ¿por qué ser siempre desdichado? Cuando estás frustrado, puedes intervenir en la situación antes de enfurecerte, y hacerlo con entusiasmo, con una energía gozosa. Cuando no hay nada exterior que hacer, entonces puedes actuar sobre ti mismo, recordándote que no debes aumentar tu desdicha añadiendo amargura a tu frustración.

Aquí radica la diferencia entre un planteamiento inteligente y psicológicamente astuto de la ira y un planteamiento convencional, en el que el principal objetivo es suprimir sus manifestaciones. Las mujeres, en particular, son educadas y socializadas para suprimir la ira y la agresividad. Al mismo tiempo, sufren con frecuencia una opresión generalizada, teniendo que vivir así en un estado de constante frustración. Por muy progresista que se suponga que es la cultura occidental, las mujeres siguen dominadas por los hombres, y las más despiertas sienten que su ira está justificada. Por eso el punto clave no es si las mujeres deberían reprimir o liberar su ira, sino cómo actuar con habilidad para afirmarse cuando sea necesario, para defenderse a sí mismas y defender sus ideas. Demasiado a menudo, cuando las mujeres ven que ocurre algo malo o se sienten frustradas al intentar que suceda algo bueno, contienen su reacción por educación o por miedo a ofender; pero luego, cuando sus sentimientos de rabia se hacen insoportables, pueden explotar. Sin embargo, lo más probable es que sus acciones provoquen entonces contrarreacciones no deseadas. Tanto los hombres como las mujeres podrían beneficiarse de tener clara conciencia de que son más eficaces cuando actúan enérgicamente mientras todavía se sienten serenos.

Mi esposa es una maestra en este arte. Puedo llegar a casa desde la oficina, disgustado por algo que sucedió allí y dispuesto a atormentarle los oídos con mi historia. Ella entonces levanta los ojos de lo que esté haciendo, me mira y dice algo así como: «¿Por qué no te callas antes de que los dos estemos disgustados por ese asunto?». Su respuesta me hace parar en seco, y aunque podría estar próximo a la ira por no ser escuchado, he aprendido a relajarme, reír y mantener la paz. En cualquier caso, sea lo que sea lo que me disgusta, no es importante, y si mi esposa me hubiera dejado continuar con la historia hasta llegar a sentirse tan molesta como yo, podría haberme criticado por la forma en que manejaba la situación y habérmelo dicho de manera agitada. Y luego podríamos haber discutido por lo sucedido, reviviendo innecesariamente todos los acontecimientos. En cambio, me ayuda a dejar a un lado aquello por lo que me sentía molesto y a recuperar mi alegría. Así es cómo podemos seguir la profunda enseñanza de estar siempre contentos y no perder nunca el buen humor.

Shantideva describe tres clases de paciencia que podemos cultivar para contrarrestar al enemigo interior de la ira: la paciencia tolerante, la paciencia discerniente y la paciencia indulgente.

La paciencia tolerante

A veces apretamos los dientes y toleramos heroicamente el sufrimiento y el dolor con la idea de desarrollar fuerza, salud, o inteligencia. *Si no hay dolor, no hay beneficio* es aquí la máxima oportuna. Puedo esforzarme por correr un kilómetro para fortalecer mis piernas, mantener una dolora postura de yoga para estirar los músculos, u obligarme a repetir una palabra en una lengua extranjera una y otra vez para dominar su pronunciación. En todos estos casos, puedo soportar la incomodidad, incluso el dolor, con alegría. No es masoquismo, porque mi intención no es sentir el dolor, sino soportarlo gustosamente para lograr el objetivo que pretendo conseguir. Esto es la *paciencia tolerante*. Nos armamos así contra la ira haciendo que el umbral de la explosión esté cada vez más lejos.

Necesitamos defendernos de las reacciones violentas e impetuosas al dolor y la frustración. A veces, las situaciones nos hacen felices espontáneamente y sin ningún esfuerzo, pero, con más frecuencia, la vida resulta irritante. Las cosas tienden a ir mal: no funcionan; tropezamos con ellas; nos fallan. Las otras personas tienen siempre sus propios problemas, y a menudo no saben qué hacer para hacernos felices, o si tratan de hacernos felices puede ser que solo consigan el resultado contrario. Si podemos aceptar la idea de que incluso el dolor puede ser utilizado para producir felicidad, ni que decir tiene que el placer producirá todavía más. No tenemos por qué generar un dolor innecesario para lograr este beneficio. La vida cotidiana produce suficiente dolor para trabajar con él.

Por desgracia, es mucho más fácil sufrir que ser feliz. Las causas del sufrimiento son más numerosas que las causas de la felicidad. A menos que encontremos un antídoto positivo, estamos destinados a experimentar más sufrimiento que felicidad. Lógicamente, entonces, la manera de encontrar más felicidad es enfrentarse a las causas que habitualmente procuran sufrimiento y transformarlas en causas de felicidad. Con esta idea en la mente, podemos tomar nuestras experiencias de sufrimiento y, en vez de revolcarnos con acritud en ellas, utilizarlas para desarrollar nuestra mente trascendente. Esta es la mente que apunta hacia la libertad perfecta y está dispuesta a abandonar los placeres superficiales y la felicidad momentánea para lograr una felicidad verdaderamente fiable a largo plazo.

Pero es más fácil decirlo que hacerlo. ¿Cómo diablos se puede convertir una causa de sufrimiento en causa de felicidad? Es cuestión de cambiar el objetivo. Tienes que imaginar la felicidad real, tomando cualquier momento de liberación del sufrimiento que hayas conocido y multiplicarlo por mil.

Pero en primer lugar, ¿quién ha dicho que esa liberación existe? El Buda lo dijo, Jesús lo dijo, y muchos otros grandes maestros espirituales y filósofos lo han dicho a lo largo de los siglos.

Pero ¿cómo lograrlo? Modificando nuestras reacciones a todo lo que nos sucede. En otras palabras, no nos emocionaremos demasiado con los placeres ordinarios, y reaccionaremos al dolor utilizándolo para desarrollar la tolerancia. La tolerancia es el modesto comienzo de sentirnos libres de irritación ante el dolor. Incorporamos esa tolerancia en la paciencia real, que se hace cada vez más fuerte bajo la presión de la vida diaria. Tolerar la incomodidad nos proporciona la capacidad de soportar, lo que conduce a liberarse interiormente de la constricción de las circunstancias, lo que hace posible la felicidad real. Desarrollamos la paciencia no para experimentar un placer fugaz, sino para desarrollar el desapego trascendente. Tolerancia trascendente significa libertad del miedo y de cualquier tipo de sufrimiento. Nada que se interponga en nuestro camino nos perturba. Esta es la única felicidad que perdura.

Los seres humanos tenemos una capacidad tremenda de adaptarnos, de acostumbrarnos a todo. Podemos fomentar la tolerancia casi hacia cualquier cosa, incluso hacia algo que al principio podía parecer intolerable, si lo hacemos de manera gradual, aceptando primero una pequeña cantidad, luego un poco más, y repitiéndolo una y otra vez hasta que finalmente dejamos de experimentarlo como algo intolerable. Rascarse un picor produce más picor o una dolorosa erupción en carne viva, pero si podemos soportar un picor sin rascarnos, finalmente el picor desaparecerá.

Normalmente nos sentimos frustrados por las incomodidades que encontramos en la vida diaria, a veces incluso por una incomodidad incontrolable. Las pequeñas frustraciones cotidianas pueden dar lugar a expresiones de ira: odiar la lluvia, maldecir el viento, retorcerse furioso porque hemos cogido esta o aquella enfermedad o sufrido este o aquel accidente o esta o aquella agresión. Cuando nos enfrentamos a un sufrimiento extremo, levantamos el puño hacia Dios, el destino, Buda, Jesús o nuestros padres. Pero ¿qué sentido tiene todo eso? Nuestras reacciones de frustración y de furia no afectan a la naturaleza ni a ningún poder divino, ni cambian las circunstancias que están fuera de nuestro control. Meramente añaden sufrimiento interior y estrés al dolor y la presión que ya sentíamos. En cambio, podemos adaptarnos con habilidad a las circunstancias que están más allá de nuestro control utilizando el poder del hábito positivo para contrarrestar el hábito de las reacciones airadas.

HACER DEL SUFRIMIENTO UN ENEMIGO

Es fácil convertir el sufrimiento en enemigo. En medio del dolor físico o emocional, queremos estar en cualquier parte menos en el lugar en el que estamos, y nos gustaría poder dar una bofetada a la condición humana. Tendemos a luchar contra el sufrimiento cuando nos ataca, lo que solo nos produce más dolor. Cuando el sufrimiento se nos acerca en la vida de otras personas, podemos hacer todo lo que esté en nuestra mano para evitarlo. Aunque tengamos un impulso natural hacia la empatía y el deseo de comportarnos de manera benévola con aquellos que están en necesidad, esto es a veces más difícil de lo que parece. No siempre sabemos cómo aliviar el sufrimiento de los otros; a menudo, de hecho, no podemos hacerlo. Entonces nuestro único recurso es estar presentes y atender al sufriente, lo que puede resultar difícil. Enfrentados con la dificultad de dar testimonio, a veces nos apartamos de aquellos que están con problemas, intimidados por nuestro sentimiento de impotencia y asustados por el desafío de permitir al que sufre simplemente estar ahí sin sentirnos abrumados por sentimientos de culpa o de ansiedad.

Hasta que desarrollemos una presencia amorosa hacia nosotros mismos –ternura y confianza ante nuestros demonios interiores– es difícil ser testigo del dolor de los otros. Podemos dedicarnos a soslayar sus necesidades o a distanciarlas con tópicos: «Pronto te sentirás mejor», «Esta es una enseñanza de la que puedes aprender», «Esto te hará más fuerte». Un amigo me contó una historia sobre esta cuestión, relacionada con los primeros días de la crisis del sida. Durante la celebración de un círculo de curación, un hombre cubierto con lesiones del sarcoma de Kaposi perdió la paciencia cuando un voluntario de rostro sonriente le soltó un cliché Nueva Era: «¡Recuerda simplemente que nadie puede hacerte sufrir si tú no quieres!». Como respuesta a estas palabras vacías, el moribundo se puso en pie, estallando de rabia. Hasta que quienes le rodeaban fueran capaces de aprender a estar en la presencia del dolor, en lugar de ser personas bienintencionadas y que trataban de animarle pero sin tener la más mínima idea, él seguiría sintiéndose solo y aislado. No necesitaba mentiras empalagosas. Más que cualquier otra cosa, aquel hombre sufriente anhelaba una presencia simple, sincera, valiente ante su propia catástrofe. Quería que le miraran con los ojos bien abiertos.

Encontré esta misma dinámica cuando una mujer que había sufrido una pérdida trágica seis meses antes vino a mí en busca de orientación. Sus amigos se impacientaban con ella, me dijo, dándole a entender que debía «recuperarse ya». «Mis amigos tienen vidas perfectas –me dijo aquella mujer–. Nada les va mal. Para ellos me he convertido en el emblema de algo horrible, de algo *exterior* a ellos.» En realidad, sus amigos la habían marginado para protegerse a sí mismos, utilizando el sufrimiento como un elemento de separación con respecto a ellos. Convirtiéndola en «lo otro» –una de esas personas a las que las cosas les van mal– insertaban una supuesta burbuja de seguridad entre ellos y la condición humana.

Es muy dudoso que sus amigos tuvieran esas vidas perfectas a las que ella hacía referencia, por supuesto. La experiencia me ha enseñado que suceden muchas cosas detrás de las puertas cerradas de las que la gente prefiere no hablar. Sin embargo, en vez de sugerirle esto, me encontré diciéndole algo que yo misma no esperaba: «Pienso que necesita nuevos amigos –le dije–. O tal vez le vendría bien conocer a mis amigos. ¡Son todos un desastre!».

Esto no es del todo cierto: mis amigos no son más desastre que el común de las personas. Mis amigos y yo estamos acostumbrados a ser honestos con nuestro sufrimiento. Todo ser humano afronta desafíos más o menos similares: cuestiones no resueltas, temores siempre al acecho, inseguridad profunda, pena. No hay nada de malo en todo esto. El problema aparece cuando nos empeñamos en mantener la idea de que tener un momento difícil significa que hay algo que funciona mal en nosotros, y que si pudiéramos llegar a ser lo bastante perfectos, lo bastante inteligentes, lo bastante astutos o lo bastante afortunados, nunca volveríamos a sufrir. Así es como el ego convierte el dolor ordinario en el sufrimiento en tanto que enemigo.

En mi libro *Faith*, escribí sobre el sufrimiento de mi propia infancia: la enfermedad mental de mi padre, la muerte de mi madre cuando yo tenía nueve años, mi subsiguiente sentimiento de aislamiento y desesperación. Después de leer el libro, Bob Thurman me dijo: «Nunca deberías avergonzarte del dolor que has experimentado». Su comentario me dejó perpleja. En ese momento, comprendí cuánta vergüenza había soportado sin comprenderla. Bob siguió contándome cómo había perdido un ojo en un accidente en 1961 y cómo esta experiencia le había ayudado a reorientar su vida descubriendo verdades más profundas. Después, su maestro, un monje mongol llamado Geshe Wangyal, le dijo: «No te avergüences nunca de lo que te ha sucedido. Has perdido un ojo, pero has ganado mil ojos de sabiduría». Con esta actitud podemos utilizar la desgracia como espuela para despertar.

Echando una mirada a las personas que nos rodean, vemos cómo algunos son valientes y mantienen actitudes heroicas bajo la presión o en el dolor, mientras que otros sucumben incluso en circunstancias mucho menos agobiantes. Admiramos a los valientes y menospreciamos a los tímidos, de modo que esto puede incitarnos a tomar la firme resolución de cultivar el valor. Se parece mucho al entrenamiento al que se somete al soldado. Los reclutas pasan por privaciones tremendas para prepararse para la batalla, porque eso les da más posibilidades de sobrevivir a los peligros que más tarde afrontarán.

Estás en guerra con tus adicciones mentales, en especial tu adicción a la ira. No puedes esperar ganar ningún conflicto importante sin pasar por algunos estallidos serios. La ira te usa como su herramienta para repartir golpes duros no solo a ti, sino a todos los que te rodean. Cuando te vuelves contra la ira, debes esperar que ella se vuelva contra ti. Por eso tienes que fortalecer tu resolución y endurecerte. Cuando te ataca, en su condición de enemigo, quiere hacerte sufrir. Pero si has aprendido a tolerar el sufrimiento sin ofenderte o sin tomártelo de modo personal, estarás fortalecido contra cualquier cosa que te pueda hacer la ira. No podrá vencerte, no podrá hacerte estallar. En ese espacio de gran resistencia y gran tolerancia interna, habrás encontrado el camino a la libertad.

El heroísmo en la batalla es una metáfora del heroísmo en la batalla contra la ira enemiga. La ira, el miedo y otras adicciones mentales son enemigos respetables, cuya derrota procura el fruto verdaderamente digno de la libertad. Solo puedes vencer esas adicciones mentales elevándote por encima de cualquier dolor que sufras en la lucha contra ellas. El heroísmo verdadero se eleva sobre las preocupaciones de la vida ordinaria, centrada en uno mismo, incluso sobre el miedo a la muerte. Los guerreros alimentados por la ira son lacayos de la ira, y la ira que los conduce al campo de batalla les ha arrebatado ya la libertad.

Podemos utilizar nuestro entendimiento y nuestra experiencia de vencer la ira para cambiar nuestra actitud hacia el sufrimiento en general. El sufrimiento construye el carácter, ayudándonos a vencer el orgullo y la arrogancia. Nos permite identificarnos con otros que sufren y desarrollar una simpatía real por su situación, actitudes sin las cuales nunca podremos incrementar nuestra capacidad de experimentar compasión, clave crucial para la felicidad. La paradoja es que cuanto más nos centramos en ayudar a otros a vencer su sufrimiento, menos nos centramos en el nuestro y, en consecuencia, somos por eso mismo más felices.

Pero, en definitiva, lo cierto es que no nos gusta sufrir, y por eso nos sentimos motivados a examinar las causas del sufrimiento, y descubrimos en el proceso que, con una gran frecuencia, nuestras acciones y actitudes negativas son los enemigos reales, las verdaderas causas de nuestro sufrimiento; al menos, son las causas sobre las que tenemos un mayor control. Por consiguiente, el sufrimiento nos lleva a tratar de evitar las actitudes y acciones negativas, y, en la medida de lo posible, a cultivar las positivas.

Si comprendes esto, estás ya asentado en el primer nivel de la paciencia: la tolerancia del sufrimiento desarrollada por medio de la disciplina del sufrimiento consciente, o el aprendizaje para usar el sufrimiento como una espuela hacia la libertad trascendente. En tu campaña para desarrollar la paciencia y derrotar a la ira, has descubierto también cómo usar el sufrimiento para contrarrestar el orgullo y la arrogancia, y eso te permite identificarte con otros seres sufrientes, empatizar con su sufrimiento, y desear que también ellos sean felices y estén libres del sufrimiento.

UNA MENTE SEMEJANTE AL FIRMAMENTO

En estas enseñanzas sobre la compasión, el Buda nos animaba a desarrollar «una mente tan llena de amor que se parezca al firmamento». ¿Puedes representarte tu mente como ilimitada, libre y abierta, semejante al firmamento? Ese carácter «espacial» de la mente y el corazón es un componente fundamental de un espíritu con capacidad de adaptación y recuperación. Nos aporta una especie de bienestar que no está en función de los éxitos o los fracasos con que nos encontremos en un momento dado. El bienestar incondicional no excluye el dolor, pero lo envuelve con sabiduría y amor. Esta forma radical de felicidad es el antídoto del sufrimiento. Y está a nuestro alcance en cualquier momento e incluso en las circunstancias más inverosímiles.

Pensemos en una experiencia que tiene lugar en una de las prisiones de alta seguridad en el sudeste de los Estados Unidos, en concreto en Alabama.[6] Los presos más violentos y más mentalmente inestables del estado están encarcelados en la William E. Donaldson Correctional Facility, en las afueras de Birmingham. Alrededor de una tercera parte de los aproximadamente mil quinientos reclusos tienen condenas de por vida sin ninguna expectativa de libertad condicional, y veinticuatro de sus celdas están reservadas al corredor de la muerte. Donaldson tiene una larga historia de violencia, tanto de los internos entre sí como de estos contra los funcionarios de la prisión. De hecho, en algunas áreas de las instalaciones la comida se hace llegar a las celdas de los internos a través de unas estrechas cajas de metal que hay en las puertas para proteger a los agentes que reparten la comida.

La vida en los bloques de celdas es dura y violenta, pero dentro del gimnasio de la prisión se desarrolla una historia diferente. Tres veces al año, durante diez días, el gimnasio se convierte en una sala para la meditación *vipassana*, o meditación de discernimiento. (Se celebra un retiro de mantenimiento de tres días una vez al año.) Durante ese tiempo, aproximadamente dos docenas de presos se levantan a las cuatro de la mañana y se retiran a las nueve de la noche, meditando durante gran parte de las diecisiete horas que discurren entre esos dos momentos. Dirigidos por voluntarios de S.N. Goenka's Prison Trust, siguen una dieta vegetariana estricta, se abstienen de fumar, no leen ni escriben y observan un silencio total. Aparte de la ocasional entrevista cara a cara con un maestro, la única «conversación» consiste en el diálogo interno, o examen, de los presos de lo que sucede en su cuerpo y en su mente.

«Es un duro despertar para algunos reclusos», contaba uno de los maestros, Carl Franz, a un reportero de la *Morning Edition* de NPR. «La mente de cada uno es una especie de caja de Pandora, y cuando tienes treinta y tres presidiarios con delitos muy graves enfrentándose a su pasado y a su mente, con sus recuerdos, sus remordimientos, una infancia difícil, sus crímenes, surgen un montón de cosas.»

Dicho eso, las transformaciones son extraordinarias. «Antes de ir a la meditación *vipassana* (…) probablemente yo era el hombre más furioso de esta prisión», decía un asesino convicto llamado Grady Bankhead, que estuvo a unas pocas horas de ser ejecutado antes de que se conmutara su sentencia por la de cadena perpetua y fuera sacado del corredor de la muerte. Tenía razones para estar furioso. Cuando Bankhead tenía tres años, su madre les dejó a él y a su hermano pequeño en una granja, diciéndoles que volvería pronto. No la volvió a ver de nuevo hasta que aterrizó en el corredor de la muerte. Entre tanto, su hermano había muerto. La meditación ayudó a Bankhead a llegar a la raíz de su ira. Ahora recluta a otros internos para que acepten el estimulante reto del curso. «Tenemos que recuperar algún equilibrio en nuestra vida después de las cosas horribles que hemos hecho», decía Bankhead. Otro preso manifestaba su acuerdo con él: «La meditación cambió mi vida».

Como los reclusos meditantes, podemos llegar a comprender que no tenemos que vivir acosados por una constante turbulencia, por la ansiedad y el remordimiento. Podemos estar encarcelados en una prisión que nosotros mismos construimos, pero podemos abrir el cerrojo y vivir en paz, serenidad y alegría.

La práctica de la compasión nos recuerda que somos mucho más que nuestra ira, nuestra desgracia e incluso nuestro dolor. Precisamente porque hemos sufrido, deseamos construir un mundo mejor, y podemos actuar sin timidez ni equivocación. Nuestra visión de la vida puede llegar a ser inmensa y abierta, alimentada por una fuerza moral convincente.

Hace varios años, conocí a Myles Horton, que fundó la Highlander Folk School, centro de formación para activistas de los derechos civiles. (Rosa Parks asistió a un curso allí pocos meses antes de su histórico viaje en autobús.*) Myles me preguntó qué hacía, y cuando mencio-

---

* Rosa Parks fue una importante figura del movimiento por los derechos civiles que en 1955 se hizo famosa por negarse a ceder el asiento a un blanco y trasladarse a la parte trasera del autobús en que viajaba. (N. de los T.)

né la meditación de la amabilidad amorosa, dijo: «Oh, Marty (Martin Luther King, Jr.) solía decirme: "Tienes que amar a todo el mundo". Y yo le decía: "No, no. Solo voy a amar a la gente que merece ser amada". Él se reía y decía: "No, no, no, tienes que amar a todo el mundo"».

Cuando Myles contaba esa historia a la gente, a veces alguien podía decirle: «Bien, pero mira lo que sucedió: King fue asesinado», como si fuera una relación de causa y efecto, y como si no hubieran matado a King si él hubiera optado por no tratar de amar a todo el mundo. Pero ¿creemos realmente que si Martin Luther King, Jr., hubiera sido un hombre cruel, de mentalidad estrecha y lleno de odio, habría estado protegido de la agresión?

La paciencia discerniente

Cuando has desarrollado un cierto nivel de paciencia tolerante mediante el cultivo de la resistencia, puedes movilizar tu conciencia analítica para llevarla más allá, hacia el territorio de la indulgencia activa basada en el discernimiento realista de la sabiduría crítica. La ira está siempre dentro de un marco, de una selección conceptual de objetivos que surge de la delimitación habitual, casi instintiva, del yo y la expulsión del otro. Cuando estamos furiosos con alguien, la relación se convierte en un nosotros-frente-a-ellos. Ya no vemos a quienes tenemos delante como individuos semejantes a nosotros, con sentimientos y necesidades como los nuestros, sino que los miramos tan solo en función de cómo nos afectan. Nos obsesionamos completamente con las intenciones del enemigo, proyectando sobre él nuestras propias intenciones malévolas e implacables para perjudicarle. Entonces nos volvemos paranoicos pensando en lo que el enemigo podría hacer, y nuestra ira estalla de manera preventiva cuando luchamos con desesperación por apartar la amenaza.

Podemos ver, pues, que la ira, aunque parece ser una fuerza que se produce de manera natural, en realidad actúa dentro de un marco habitual muy específico. La elección de una persona en particular como enemigo se basa en la percepción de dicha persona como alguien que de manera muy deliberada ha decidido, decide o decidirá hacernos daño. Sin embargo, cuando tenemos una atención plena más centrada en la situación y nos analizamos a nosotros mismos y a nuestro enemigo, y analizamos también la situación, vemos que la conducta de la persona que consideramos enemiga está dirigida por sus propios impulsos y actitudes inconscientes, igual que nuestra conducta está dirigida por los nuestros. Ambos somos víctimas de nuestros impulsos interiores.

Así como las bacterias, los virus y los contaminantes químicos producen enfermedades en el cuerpo sin que tengan una intención consciente de hacerlo, así la persona inconsciente es conducida a un estado emocional de ira por sus adicciones mentales –engaño, lujuria, odio, envidia, etc.–, las cuales están actuando en su totalidad de forma inconsciente, sin ninguna intencionalidad. Las personas que están bajo el influjo de la adicción a la ira no quieren manifestar ira: simplemente desvarían y explotan. A veces, mientras todavía tienes libertad de elección en una situación, podrías pensar: *Debería enfadarme con este o aquel, pero no lo haré*, de modo que siempre hay un pequeño espacio para cambiar el curso de los acontecimientos antes de explotar. Pero una vez que te entregas a la ira, su misma naturaleza se apodera de ti y te priva de tu libre albedrío y de la posibilidad de una elección inteligente. Cuando surge la ira y se manifiesta como rabia y furia, lo hace sin ninguna libertad de acción. Así como el fuego no elige quemar un leño, sino que lo hace automáticamente, tú y tu ira, y tu enemigo y su ira, actuáis sin intención voluntaria. Por eso no hay nadie a quien culpar, salvo al proceso mismo de la ira.

Lo mismo es cierto de todos los hábitos mentales negativos, como la lujuria, la envidia y la arrogancia. Cuando desarrollas discernimiento sobre la naturaleza mecánica de estos procesos internos, tu conciencia crítica interiorizante puede penetrar en el nivel del discernimiento liberador. Puedes ver la posibilidad de elección consciente en las emociones destructivas y las acciones torpes de otras personas. La conciencia te permite escapar de tus adicciones mentales a la ira y el odio, y elevarte a una visión del mundo como red de causas y condiciones impersonales.

Esta red de interconexiones carece de toda personalidad, no hay ningún agente libre que intente hacerte daño, de modo que no existe ningún objetivo real para tu ira que puedas señalar como la fuente de tu sufrimiento. Empiezas a ver que la ira hacia tus supuestos enemigos es irreal. No tienes nada que ganar destruyendo a tu enemigo. Al ampliar tu visión de la red causal de condiciones, empiezas a descubrir un plano de libertad con respecto a todo eso, pasito a pasito.

Pero algo más está en acción aquí. ¿Qué hay de mi yo y del yo de mi enemigo, el que me hace daño? Parece haber un «yo» claramente identificable en nosotros, y por eso suponemos de manera natural que hay un yo independiente en el enemigo. Pero un simple examen informal de nuestro interior nos producirá ya un cierto desengaño. No conseguimos encontrar nuestro «yo» cuando lo buscamos. ¿Está en el cerebro?, ¿en una neurona particular?, ¿en el corazón? Si es en el corazón, ¿en qué parte?, ¿en el músculo que lo rodea? ¿En una de las cavidades? Cuanto más buscamos al yo, más difícil de encontrar parece. Y cuando constatamos esto, nuestra certeza se erosiona. Nuestra seguridad sobre la intención malévola de nuestros enemigos se debilita y empezamos a verlos más bien como víctimas de las condiciones.

Los argumentos religiosos y filosóficos para afirmar la existencia de un «alma inmortal» o un «yo esencial» tienden a presentarlo como una entidad absoluta que está más allá del mundo relativo. Por definición, esa alma es irreductible, inmutable y no relacional –suprahumana– y, por consiguiente, tanto los analistas críticos orientales como los occidentales (científicos de la mente budistas y neurocientíficos europeos) afirman que esa entidad absoluta no puede ser considerada racionalmente como un agente que piensa o actúa que se relaciona con otros agentes y otras circunstancias. Los científicos modernos deducen de esto que no existe nada parecido a un alma, y no hay vidas anteriores o futuras de seres individuales, confirmando así su materialismo filosófico. Los científicos budistas de la mente difieren en sus teorías; algunos simplemente sustituyen el alma por una continuidad en cambio incesante (sánscrito, *samtana*), y otros más avanzados admiten una continuidad constantemente cambiante llamada «gota indestructible supersutil» (en sánscrito, *sukshma-anakshara-bindu*) que actúa como portadora de los rasgos desarrollados de vida en vida.

Este análisis del yo y sus niveles y planos podría ser llevado más lejos utilizando las sofisticadas investigaciones y el razonamiento crítico metafísico desarrollado en las universidades monásticas budistas de la India y el Tíbet, pero para nuestro propósito basta decir aquí que, según la tradición de la ciencia de la mente de la India y el Tíbet, no se puede encontrar una entidad permanente, absoluta (no relacional), inmutable llamada «alma», «yo» o «identidad»; nuestra creencia de que tenemos una identidad fija es una ilusión. Obviamente, una ilusión no puede participar en los procesos relacionales, condicionales, de la acción, es decir, los procesos de pensar, hablar o moverse físicamente. Shantideva argumenta que si el yo fuera permanente (como sostienen algunas escuelas de pensamiento indio), sería incapaz de hacer nada, puesto que ¿cómo podría actuar sin cambiarse a sí mismo? La consecuencia absurda, señala, es que incluso el espacio vacío tendría entonces que ser considerado un «yo», puesto que es claramente inmutable e inactivo.

Nuestro discernimiento crítico de la realidad de la ausencia de un yo absoluto en el enemigo capaz de una acción consciente habilita nuestra paciencia al eximir críticamente nuestras percepciones de concretar toda una estructura en la que la ira puede controlarnos, una estructura construida sobre el «yo real» del enemigo, el carácter consciente de su voluntad de hacer daño y nuestra necesidad real de venganza. Pero todo esto son simplemente ideas que surgen en nuestra conciencia experiencial como construcciones de nuestros hábitos mentales. No debemos sostener por más tiempo todo el drama de la agresión y la venganza representado entre nuestro «yo» y el «yo» de nuestro enemigo. Cuando desvelamos la falsedad de su supuesta objetividad, podemos escapar de la imaginaria inevitabilidad de lo que está sucediendo y de lo que debemos hacer con ello. Y cuando nuestra inmutable certeza sobre la intención del enemigo y nuestro erróneo estado de ser se hacen más fluidos, alcanzamos un nivel diferente de capacidad de recuperación y flexibilidad en cuanto a la manera de responder. Donde antes sentíamos que no había otra opción que estar furiosamente encolerizados por lo que era sin duda demasiado para poder soportarlo, ahora conseguimos ser pacientes y más cuidados con lo que percibimos y con la manera en que respondemos, puesto que somos capaces de ver las circunstancias externas y nuestros estados mentales interiores desde muchos ángulos diferentes. Desde el momento en que dejamos de objetivar nuestras percepciones, cuando vemos que algo va mal o de manera diferente a como desearíamos, podemos considerarlo con cierta reserva –no permitiendo que nos atrape y aumente nuestra frustración– o podemos emprender la acción apropiada.

Al desarrollar la paciencia nacida del discernimiento, podemos impedir que la frustración generada porque las cosas no van como deseamos estalle en forma de ira. Podemos permanecer alegres reflexionando en la condicionalidad de todas las cosas, pensando que suceden automáticamente cuando las condiciones maduran por causas diversas (como nuestras acciones del pasado) para producir sus efectos. Ya no tenemos que interpretar a personas y situaciones como si fueran enemigos inevitables; podemos dedicarnos con serenidad y sosiego a cambiar su curso para que este deje de ser negativo y se convierta en positivo.

En última instancia, nadie quiere sufrir; ni nosotros, ni nuestros amigos, ni nuestros enemigos. Si la gente hiciera siempre elecciones racionales, nadie sufriría nunca. Pero mientras estemos esclavizados por la ira, seguiremos creando en nuestra vida las causas que generan efectos que resultan ser contrarios a lo que deseamos.

Cuando te liberas de la adicción a la ira, puedes empezar a ver lo indefensos que están todos los seres, incluso tus enemigos. Comprendes que el sufrimiento solo se produce debido a la confusión y a las adicciones mentales en las que están atrapados los seres humanos, adicciones que nos privan de cualquier libertad de elección o libre voluntad. Sería difícil sentir compasión por alguien cuando está tratando de hacerte daño. Comprensiblemente, puede que se apoderen de ti reacciones de «lucha-o-escapa». Y, planteándolo en términos prácticos, puede que necesites defenderte, de modo que tal vez no tengas tiempo para sentir algo por tu atacante. Pero ¿por qué estallar con ira? Guarda tu energía para encontrar la respuesta más eficaz y racional que puedas pensar para evitar la agresión o para descubrir el medio más útil de calmar al enemigo.

Ahora que sabes que tu enemigo es simplemente la herramienta de tu propia ira, puedes enfadarte sólo con la adicción mental que lo impulsa. Puedes encolerizarte con su ira, con la ira misma. Tu ira para con la ira se convierte eficazmente en energía de la tolerancia.

LA CURACIÓN A TRAVÉS DE LA ADVERSIDAD

En una época de desesperación, cuando me sentía desconectado de todo lo que era bueno en mi vida, me ayudó mucho algo que escribió Rilke para consolar a un joven preocupado en sus *Cartas a un joven poeta*: «Por eso no debes asustarte (...) si la tristeza se alza ante ti, mayor que cualquier cosa que hayas visto nunca (...). Debes comprender (...) que la vida no te ha olvidado».[7]

La sensación de haber sido olvidado por la vida «normal» es común cuando atravesamos tiempos difíciles, como si estuviéramos atrapados en un universo paralelo donde vive la gente desdichada. Pero cuando comprendemos que la curación puede surgir de la pena más profunda, recuperamos nuestra vinculación con el mundo que sufre y confiamos en poder entrar de nuevo en la zona «intacta». La conciencia de la conexión crea el camino para transformar el sufrimiento mediante un cambio positivo. No buscamos el dolor, por supuesto; pero cuando se produce –y se producirá– aprendemos a soportarlo de manera diferente, como una parte inevitable del hecho de estar vivo, una lucha compartida que nos une con nuestros hermanos y hermanas, en vez de ser un problema implacable que parece que nunca podemos resolver, un enemigo al que no podemos tener esperanza de vencer.

Es posible metabolizar el dolor o la aflicción de maneras que no produzcan hostilidad, sino que alimenten nuestra vida, nuestra familia y nuestra comunidad, y ofrecer lecciones para el desarrollo moral y espiritual. Vemos que la libertad depende de la capacidad para abrirse a un contexto mayor. En medio del dolor, miramos hacia lo que es íntegro e intacto.

No es que todo esté perfectamente, sino que todo es reconocido como parte del relato inmenso de la vida, de la naturaleza, de la verdad. Sin duda, no se trata de que todo se vuelva agradable o intrascendente, sino de que no estamos ya definidos por el trauma, pues ahora tenemos un sentido más poderoso de la integridad y la relación.

En el pasado septiembre de 2001, dirigí un taller de meditación en Nueva York. Uno de los participantes dijo a la clase: «Soy bombero». En ese momento, en esa ciudad, todos sabíamos exactamente lo que su afirmación implicaba. Después de una pausa, continuó: «Las Torres se derrumbaron encima de mí. Yo escapé, aunque muchos de mis amigos no pudieron hacerlo. Decidí que no quería que mi vida terminara allí. Quería encontrar una manera de continuar».

No solo continuó, sino que ayudó a muchas personas a salir de su oscuridad. Este bombero y yo nos hicimos buenos amigos. La última vez que lo vi fue en un programa que yo impartía cerca del lugar en que estuvo el World Trade Center, como parte de una conmemoración del décimo aniversario del Once de Septiembre. Me sorprendió que el bombero hubiera estado dispuesto a estar en el área inmediata a la zona cero tan cerca del aniversario, pero me emocionó mucho que lo hiciera. Cuando se lo dije, me contó lo importante que era para él ver que se levantaban edificios nuevos en ese lugar, que le hubiera destrozado enfrentarse a aquel agujero en el suelo. Necesitaba ver que la vida continuaba.

La paciencia indulgente

El tercer tipo de paciencia que tenemos que desarrollar es la paciencia indulgente, la forma más elevada de paciencia. Para lograr la libertad plena respecto de la ira y el odio involuntarios, debemos alcanzar el punto en que podamos perdonar a todo el que nos haga daño, no importa de qué modo. Cuando nos sucede algo malo, el movimiento más eficaz es ir a buscar su origen como si radicara en nosotros mismos. Sentarse a culpar a los demás no nos hará ningún bien; eso solo fortalece nuestro sentimiento de impotencia, puesto que no podemos controlar a los demás, solo a nosotros mismos.

De forma paradójica, pues, para superar el ser la víctima podemos culparnos de forma hábil y desenfadada a nosotros mismos. Contrariamente al pensamiento convencional, culpar a la víctima cuando la víctima eres tú mismo no ahonda tu victimización; al contrario, te pone en camino para liberarte de la victimización. Cuando asumes la responsabilidad de lo que te sucede, empiezas a controlar el proceso. Razonas para ti mismo de este modo: *Bien, me hicieron daño. A menudo yo hago daño a otras personas; debo de haber dañado a otros en el pasado y por eso ahora soy dañado a mi vez. ¡Es magnífico que me esté deshaciendo de esa consecuencia evolutiva! A partir de ahora, nunca más volveré a dañar a esos seres, así que no volveré a resultar dañado. Evitaré las consecuencias de otros daños pasados que yo haya cometido. Y ayudaré a los demás para que, energéticamente, eso contrapese cualquier daño que haya podido ocasionar.*

Podemos examinar nuestra conducta pasada y presente y reconocer lo egocéntricos y obstinadamente ignorantes que hemos sido. Habitualmente tratamos de huir del sufrimiento y correr hacia la felicidad exterior más superficial, por efímera que pueda resultar. Somos adictos al placer, y estamos sedientos de él, pero constantemente nos sentimos insatisfechos con lo que conseguimos. Somos adictos a la ira como medio de eliminar los obstáculos a nuestros deseos; y al seguir los dictados de la ira nos encaminamos hacia la autodestrucción.

Ahora podemos asumir la responsabilidad por los enemigos que nos atormentan, puesto que el hecho de herirnos es la reacción involuntaria a su miedo de que nosotros les hagamos daño o su recuerdo subliminal de que los hemos herido en el pasado evolutivo. Por eso no solo no deberíamos enfurecernos con ellos, sino que deberíamos sentir remordimientos por haberles afectado de forma tan negativa en el pasado y haber hecho que vivieran con ese dolor. Aquí empezamos a entrar en el reino de la paciencia como perdón activo. Alegremente, eufóricamente, celebramos nuestra libertad inicial del miedo al sufrimiento yendo más allá de la paciencia como resistencia tolerante y de la paciencia como discerniente dominio de sí, para experimentarla como negación de la venganza y como perdón. Ese perdón activo abre la puerta dorada del templo exaltante de la compasión universal, que es el reino asombroso de la felicidad realista y la bienaventuranza natural.

Así pues, nuestros enemigos nos proporcionan irritación, perjuicios y daños, que son las ocasiones para que practiquemos la resistencia, el autodominio y el perdón. Cuanto peor nos traten, más nos beneficiaremos. Incluso podemos ver que al mismo tiempo que nuestros enemigos nos hacen daño, nosotros les hacemos daño a ellos al permitir que nos maltraten, pues la consecuencia de sus actos dañinos será un futuro miserable para ellos.

Dados los beneficios del sufrimiento, podríamos concluir que hacer daño a nuestros enemigos como represalia sería en realidad ayudarlos, al darles la oportunidad de practicar la paciencia. Por tentadora que pueda ser esta racionalización, la realidad es que, a menos que nuestros enemigos sepan cómo practicar la paciencia, la agresión y el sufrimiento solo les enfurecerán más, aumentando la probabilidad de que hagan más cosas malas, profundizando todavía más en su espiral hacia abajo.

Al aprender a ser paciente sin que importe lo que nos hagan los demás, es crucial recordar que, aunque nuestro cuerpo físico pueda sufrir mucho, ninguna agresión exterior puede dañar el cuerpo-mente sutil que en su esencia es un continuo de gozosa bienaventuranza. Cuando trabajas en el desarrollo de la paciencia, esto ayuda a comprender que es tu «mente ordinaria», que funciona en el nivel de los sentidos y la personalidad, la que tiene cogido a tu cuerpo como rehén, atormentándolo y hundiéndolo de nuevo en tu adicción a la ira. Necesitamos aprender a desidentificarnos en ocasiones de nuestra mente y cuerpo ordinarios para desarrollar el nivel más profundo, que desafía al dolor, de la paciencia y la inmunidad a la ira. Por supuesto, solo podemos hacer esto cuando nos hemos liberado del miedo a la muerte, habiendo examinado atenta y minuciosamente las realidades del proceso de la vida y la muerte de manera intelectual y experiencial.

LA PALABRA RECTA

La interacción humana rara vez es una cosa sencilla. Uno de los mayores problemas con que nos encontramos es la comunicación verbal mal interpretada o torpemente manejada. Esa es la razón de que el Buda, al describir la forma de vivir en armonía unos con otros, puso gran énfasis en lo que él llamaba la «palabra recta».

El modo en que nos comunicamos es esencial para mantener la armonía y el bienestar. La comunicación entre adversarios recae con facilidad en violentas discusiones de él-dijo/ella-dijo. Los criterios que usaba el Buda para determinar la palabra recta eran simples: *¿Es cierto? ¿Es útil?* Cuando instamos a la gente a que diga la verdad, obviamente no queremos dar a entender que se deba decir cualquier cosa que pensemos, por insolente e hiriente que pueda resultar. La sensibilidad y el discernimiento son esenciales. Decir lo que es cierto y lo que es útil exige consciencia.

Incluso durante el conflicto, es notable de qué forma tan diferente nos relacionamos con los otros cuando respondemos desde un espacio de consciencia. Mi discípula Elizabeth describía cómo un cambio de perspectiva cambió sus interacciones con los otros. Empezó con una imprecación a su marido: «¿Me estás llamando mentirosa?». Elizabeth y su esposo estaban discutiendo porque ella necesitaba que él la llevara en coche a la consulta del optometrista, pero la hora de su cita cuadraba mal con el horario del marido. Si Elizabeth cancelaba la cita, temía que podía pasar un mes antes de que pudieran cambiarle la fecha. Cuando recordó a su marido que la cita estaba señalada en su calendario desde hacía tres meses, él dijo con frialdad: «Si hubiera estado allí, la habría visto». Fue en ese momento cuando Elizabeth perdió los nervios: ¡cómo se atrevía a llamarla mentirosa! Al oír sus enfurecidas palabras, él se dio la vuelta y salió echando pestes.

Era un patrón conocido, decía Elizabeth: la percepción de un desaire seguido de una reacción excesiva cuando cada uno de ellos trataba de demostrar que tenía razón o uno de ellos salía vociferando. Cada pelea, decía, los dejaba con «un aguijón clavado en el corazón». Luego, una noche, en su meditación, las palabras *Nada importa* se introdujeron de repente en su cabeza. Inmediatamente, se sintió más libre. Unos días más tarde, después de una polémica conversación telefónica con su hijo, meditó sobre la frase *Nada importa*. De nuevo, su tensión se suavizó. Pero esta vez a la frase *Nada importa* le siguieron las palabras *Y es solo porque nada importa por lo que todo es importante*. Eso le dio realmente materia en la que pensar.

Elizabeth sigue enfadándose, me contaba, pero «cuando medito sobre ello, repitiendo *Nada importa* como un mantra, mientras permanezco consciente, al mismo tiempo, de la verdad de que todo importa, mi corazón abandona poco a poco la necesidad de tener razón. Y el aguijón se disuelve, tanto allí (con su marido) como aquí dentro». La historia de Elizabeth nos muestra su comprensión de que no necesita decir nada como represalia cuando se enfada. A veces, estar en silencio es mejor que decir algo que no es cierto o no es útil.

Una manera de replantear la paradoja descubierta por Elizabeth es preguntarte a ti mismo: *¿Qué es lo que importa realmente en este momento? ¿Qué es lo que ahora mismo me preocupa más que cualquier otra cosa?* La historia de Elizabeth plantea una cuestión importante: cuando te encuentras en un conflicto, ¿qué te preocupa más: tener razón o ser feliz? ¿Puedes bajarte de tu pedestal durante el tiempo suficiente para reconocer que tener razón podría no importar si solo sirve para prolongar el sufrimiento?

Otro amigo mío tiene una frase maravillosa sobre el envejecimiento: *Cuanto más sucede, menos importa.* Esto es semejante a la intuición de Elizabeth de que nada importa si procura una satisfacción fugaz o superficial y sin embargo perpetúa el conflicto y el dolor en curso. Pero, dado que en un sentido más amplio, espiritual, todo importa, nada en nuestros conflictos importa lo *bastante* para merecer el sufrimiento que nos infligimos a nosotros mismos y que provocamos a los otros.

Palabras que hieren

Cuando nos hacen daño a nivel verbal, el dolor no es físico, pero puede ser una causa poderosa de ira. Con frecuencia nos ofendemos mucho y nos indignamos terriblemente cuando nos insultan, nos difaman o nos dirigen palabras ofensivas.

Sin embargo, es esencial comprender que las palabras nos causan un dolor emocional solo cuando nosotros permitimos que nos afecten.

¿No quieres que otros piensen mal de ti? Entonces, no te enfurezcas ante sus insultos o sus palabras duras. Si ignoras los intentos de provocarte, manteniendo el buen ánimo a pesar de la hostilidad de otros, incluso esas personas se quedarán sin excusas para que les caigas mal. Tal vez, sin embargo, pienses que sufrirás una pérdida de reputación e incluso de ingresos si ignoras las cosas malas que la gente dice de ti. Pero enfurecerte no mejorará tu reputación ni te devolverá tus ingresos; de hecho, a menudo hará que tu reputación empeore. Tienes muchas más oportunidades de defender tu reputación y tu medio de vida si permaneces tranquilo y actúas estratégicamente.

La verdadera integridad solo puede surgir cuando decidimos que consentir en furiosos estallidos o ataques de acción negativa es un resultado peor que cualquier otro, incluidas las heridas o la muerte. Debemos estar decididos a mantenernos firmes en ese principio cualesquiera que sean las circunstancias.

Con respecto a esto, debes pensar en la calidad de tu vida. Vencer al enemigo interior requiere tener suficiente preocupación por tu impacto en los otros para vivir de una manera que vaya más allá de tu habitual interés por ti mismo. La energía que inviertes en controlar tu ira debe ser más potente que tu preocupación por los objetivos inmediatos.

Parece que no nos importa la crítica mientras esta se dirija contra otra persona. Cuando nosotros somos el objetivo, la cosa cambia. Pero cuando nos critican es porque nos hemos mostrado codiciosos, coléricos, orgullosos, tacaños, poco objetivos o equivocados, así que, en realidad, la crítica se dirige a esas adicciones mentales. Como estamos tan identificados con nuestras adicciones mentales, deshacerse de ellas puede resultar muy difícil. La clave aquí está en desarrollar la atención plena, la conciencia sutil de los muchos cabos de tu yo relativo –tu yo real, siempre cambiante, que está libre de un hipotético yo fijo, independiente y absoluto–, de manera que puedas desidentificarte de los cabos de los que más bien deberías deshacerte (tus enemigos interiores) igual que te separas de la persona que te hace daño.

Siempre que te suceda algo perjudicial, puedes emplear la paciencia discerniente para ver la realidad de la situación. El engaño es culpar a los demás. Tanto la persona que te dañó verbalmente porque estaba furiosa, como tú, que respondiste de forma similar, no habéis visto que expresar la ira en palabras puede ser casi tan perjudicial como infligir un daño físico. Puedes pensar que eres inocente, que has sido atacado irracionalmente por tu enemigo y, por lo tanto, argüir que tu ira no es tan mala como el daño que él te infligió. Sin embargo, si consideras que la causa más profunda de su actitud agresiva pueden ser tus propias acciones dañinas y la ira que mostraste hacia él en ocasiones anteriores –o en existencias anteriores–, nivelarás el campo y calmarás tu justa indignación, combustible fundamental de la ira explosiva. Puedes llegar así a comprender que la única manera de romper el círculo vicioso del daño –tú le dañas, él te daña– es abstenerte de estallar y, en lugar de ello, convertir esa energía candente en la ferviente determinación de mantener el control de ti mismo. De esta manera, das al momento inmediato, que te ofrece la elección entre la reacción habitual y la no reacción consciente, una importancia infinita al ser consciente de su vínculo con la interminable cadena de consecuencias que constituye la relatividad continuada de la vida.

Una vez que abres el momento a su dimensión infinita, tu plena atención se intensifica en su alcance y poder, y adquieres la fuerza para dirigir tu atención en una dirección positiva. Inicialmente, tu centro está en tu propia positividad, pero pronto reconocerás que puedes modelar positividad para otros como camino a la felicidad. El círculo vicioso de inacabable daño mutuo se convierte en un círculo virtuoso de beneficio mutuo sin fin, impulsado por la paciencia, el autocontrol y el amor.

Shantideva usa una analogía fuerte para enfocar la capacidad de adoptar una perspectiva infinita: imagina que eres un criminal condenado a muerte por algún crimen execrable, y cuando estás a punto de ser ejecutado, interviene el rey y ordena al verdugo que te corte el dedo meñique de la mano izquierda en vez de la cabeza. Aunque el dolor de la mano herida sea angustioso, se mezcla con la alegría y el alivio por haber salvado la vida. De la misma manera, cuando comprendes el peligro infinito de abandonarte al odio y a la ira como reacción por alguna herida que te han hecho, experimentas el beneficio infinito de contener tu reacción y expresar en cambio paciencia, amabilidad y compasión. Puedes entonces recibir la agresión sin perder tu alegría, porque estás poniendo fin a un ciclo de violencia.

Si tu mente se queja de forma amarga por lo doloroso que resulta abstenerte de las represalias, puedes usar tu incomodidad para intensificar la consciencia de cuánto peor sería si te rindieras al odio y devolvieras más daño a la otra persona. Cualquier situación puede siempre empeorar; nunca puedes suponer que algo es lo peor que puede suceder. A la pregunta, ¿qué importa que pierda la serenidad? La respuesta es: siempre importa, y en la infinita perspectiva evolutiva, la cosa más pequeña, mala o buena, importa infinitamente. Esta expansión profunda de tu consciencia atenta al momento conduce a una especie de alegría incluso en el sufrimiento, puesto que tu mente interpreta el dolor como la puerta de entrada a una libertad superior al dolor, para los otros y para ti mismo.

La adicción a la envidia

La ira tiene un aliado próximo en la envidia. El antídoto a la envidia es lo que la psicología budista llama alegría «solidaria» o «de congratulación». Yo diría que es como el júbilo o el regocijo por la buena suerte de los otros. Unos de mis maestros budistas tibetanos decía que esa alegría es el camino de la persona perezosa para acumular méritos y progresar hacia la iluminación. Otra persona realiza algo verdaderamente grande con un esfuerzo heroico, y tú renuncias a un ataque visceral de envidia, y en lugar de ello te alegras de forma sincera por su éxito; de ese modo, ganas algo de mérito para ti con muy poco esfuerzo. Por supuesto, de manera análoga, tienes que tener cuidado para no permitir que tu mente se entregue sin advertirlo a un placer perverso cuando otra persona hace algo verdaderamente malo –como disfrutar con el atraco bien planeado a un banco–, puesto que eso te genera una parte de demérito kármico. Cuando un rival recibe un elogio, sin duda pierdes doblemente si cedes a la envidia; no solo no recibes el elogio, sino que, además de eso, tu disgusto te hace aún más infeliz.

EL ELOGIO Y LA CRÍTICA

Di una charla recientemente y, al final, me vi rodeada de personas que se acercaban a darme las gracias, manifestándome cuán beneficioso había resultado para ellas lo que yo había dicho. Por supuesto, fue estupendo recibir tantos elogios. A la mañana siguiente, me reuní con la persona que había organizado la conferencia. Cuando nos sentamos a tomar un té, me dijo que se había tropezado con alguien que había asistido a la conferencia la noche anterior, una mujer que, en realidad, había acudido a todas las charlas de la serie, pero no le había gustado ninguna. Cuando preguntó a esta mujer por mi charla, fiel a su costumbre, le respondió que no le había gustado. «¿Algún aspecto en particular?», preguntó la organizadora. «Oh –respondió la mujer–, los contenidos.» En otras palabras, ¡todo!

Así son las cosas en este mundo de placer y dolor, ganancia y pérdida, elogio y crítica, fama y desprestigio. Estamos siempre solicitados y empujados por las cambiantes respuestas del mundo exterior. Anhelamos el placer, el beneficio, el elogio y la fama, y nos sentimos resentidos cuando en su lugar obtenemos dolor, pérdida, crítica o desprestigio. Como seres humanos, es inevitable que tengamos alguna respuesta al elogio y la crítica, pero es igualmente inevitable que vivamos muchas experiencias de signo contrario, y este hecho de la dualidad no debería ser nuestro enemigo.

Hay una historia sobre esta alternancia de los opuestos en las enseñanzas budistas:

En una ocasión, un hombre fue a un monasterio a instruirse sobre el mensaje budista. La primera persona con la que se encontró fue un monje que había hecho un voto temporal de silencio. Cuando el visitante pidió al monje que le contara algo sobre las enseñanzas del Buda, el monje permaneció en silencio. Eso exasperó al visitante, que se marchó enojado. El segundo día, el hombre regresó y se tropezó con un discípulo del Buda que era famoso no solo por su profunda realización personal, sino también por su inmenso conocimiento teórico. Cuando le pidió que le explicara algo de la enseñanza del Buda, el monje se enfrascó en un largo discurso que enfureció igualmente al visitante, que de nuevo se marchó enfadado. El tercer día, el hombre volvió y se encontró con otro discípulo del Buda que, habiendo oído lo sucedido los días primero y segundo, tuvo cuidado de decir algo, pero no demasiado. Una vez más, el hombre se marchó disgustado, gritando: «¡Cómo te atreves a tratar esos temas tan profundos de manera tan vaga!».

Finalmente, los discípulos que habían despertado la cólera del hombre, se fueron a ver al Buda y le contaron la historia. Podemos imaginar la sonrisa del Buda ante su consternación. «Siempre hay algún motivo en el mundo para censurar a los demás –les dijo–. Si no dices nada, te censurarán. Si dices demasiado, te censurarán. Siempre hay motivo para censurar en este mundo.»

En otras palabras, no podemos confiar en que siempre seremos estimados por los otros. Si pretendemos basar nuestra dignidad en las valoraciones de un mundo variable, fuera de nuestro dominio o nuestro control, tendremos problemas. Eso no significa que no nos preocupe lo que otros piensen. Por supuesto que nos preocupa. Queremos que nos agradezcan nuestra generosidad, que se den cuenta de nuestro valor, que nos aprecien por nuestra fuerza y nuestra virtud. Todos preferiríamos ser adorados antes que despreciados. Así es la naturaleza humana. Pero la cuestión es: ¿hasta qué punto podemos preocuparnos?, ¿en qué basamos nuestro sentimiento de integridad?, ¿cuál es la fuente de nuestra convicción y de nuestra disposición a asumir un riesgo?, ¿de dónde obtenemos la fuerza para ser un poco diferentes, para expresarnos a nosotros mismos, dar un paso adelante, o actuar sencillamente tal como somos? Si solo soy feliz cuando soy universalmente elogiado y adorado, y no puedo serlo si me llega la menor expresión de una discrepancia o una crítica, no estaré contento mucho tiempo.

Al cambiar nuestra relación con el elogio y la crítica, nos liberamos del hábito de rechazar abruptamente las opiniones o los prejuicios de los otros. Podemos sopesar la veracidad de las respuestas, en lugar de descartar automáticamente las opiniones negativas. Afrontando la crítica con una mente abierta, podemos sacar enseñanzas del desacuerdo. Independientemente de lo perfectos que nos creamos, siempre habrá alguien que vea nuestras verrugas. Hasta que suavicemos nuestras reacciones con sabiduría, seguiremos sintiendo que despertamos antipatía por nuestra falta de control con las opiniones de los otros.

No hace mucho tiempo, tuve otra lección de elogio y crítica. Estaba en Washington D.C., sentada con un amigo en un auditorio, esperando que comenzara el orador. Vi a una mujer que llevaba mi libro *Fe*, con su característica tapa de color azafrán. «Mira, tiene *Fe*», dije a mi amigo. En ese momento, la mujer me vio y se acercó para pedirme que le firmara el libro. Al marcharse, me dijo: «Eres una diosa». Sentí un gran embarazo, pero también una gran satisfacción ante sus palabras.

No había pasado ni un minuto cuando alguien vino con un periodista para presentármelo. Diría que de todas las personas con las que me he encontrado en la vida, él parecía estar muy próximo de ser la menos interesada en que nos presentaran. El mediador dijo: «Esta es Sharon Salzberg. ¿Has oído hablar de ella?». Mirándome con aire de aburrimiento, el periodista respondió: «¡No!». Entonces mi amigo me susurró: «Dile que eres una diosa».

Sí, justo. ¡Había bastado menos de un minuto para pasar de ser una diosa a carecer absolutamente de todo interés! Después me sentí en paz al comprender que, aunque podemos tratar de ser amables y dar alegría a los demás, no podemos determinar las reacciones de todo el mundo. O de nadie en realidad.

Existe un relato sobre el Buda que apunta a esa enseñanza. Cierto día, el Buda estaba atravesando un campo cuando apareció un hombre y le golpeó furiosamente en el rostro, diciendo que no tenía ningún derecho a andar por allí. El Buda miró al hombre y le dijo: «Dime, si preparases un regalo magnífico para unas personas, y alargaras la mano para dárselo, pero ellas se negaran a aceptarlo, ¿a quién pertenecería el regalo?». «A mí, por supuesto», contestó el hombre. «Así es», dijo el Buda. «Yo no acepto el regalo de tu ira. Por lo tanto, ella sigue contigo.»

Percibir qué regalos aceptar y cuáles rechazar es nuestro camino para descubrir la libertad.

El anhelo del elogio y la fama en sí mismo puede llegar a ser igual de adictivo que la ira, un enemigo interior que nos distrae de buscar lo que es verdaderamente importante en nuestra vida. Aunque parezcan ser algo positivo, los halagos pueden desviar la atención del desarrollo interior y la práctica espiritual. Los enemigos, que tratan de destrozar nuestra reputación cotilleando o mintiendo sobre nosotros, o exagerando nuestras cualidades negativas, en realidad nos ayudan a evitar las distracciones y a centrarnos en lo esencial de la vida. Por eso, desde mi propia perspectiva egoísta, ¡debería apreciar a mis enemigos!

Unos de mis maestros más graciosos e ingeniosos, Tara Tulku, me impresionó profundamente con lo que voy a contar. Después de haber estado practicando budismo durante años, yo creía haber hecho algunos progresos, pero el maestro me dijo que si yo supiera realmente lo que hacía en esta vida, me sentiría más feliz de bajar a desayunar por la mañana y encontrarme a mi peor enemigo en la puerta que de saludar al presentador de un concurso de televisión que llamara al timbre y me anunciara que acababan de corresponderme diez millones de dólares. Tuve que admitir que todavía estaba lejos de poder colocarme en esa perspectiva. Lo que quería decir, claro está, es que deberíamos apreciar a nuestros enemigos y usar su actitud negativa para desarrollar la paciencia trascendente. Dada la tenacidad de los enemigos internos, casi todos tendremos multitud de oportunidades para seguir su consejo.

Las largas décadas de meditación del Dalái Lama sobre Mao Zedong, el gran enemigo del Tíbet y de su pueblo, ejemplifica esto de manera perfecta. Cuando en una ocasión le preguntaron por las personas a las que más admiraba en el mundo, el Dalái Lama mencionó a Gandhi, el apóstol de la no violencia, y luego, para sorpresa de todos, al presidente Mao, apóstol de la violencia, que había acabado con la libertad del Tíbet, destruyendo sus monasterios y su entorno y acabando con la vida de más de un millón de personas. ¿Iba esta admiración demasiado lejos?, me preguntaba yo. ¿Era tal vez una transferencia un tanto excesiva de la meditación del Dalái Lama sobre el aprecio que sentía hacia sus enemigos por darle la oportunidad de practicar la compasión? ¿Era incluso una pequeña argucia interesada, pensando en la paciencia que podía adquirir del daño hecho al Tíbet, más que en la necesidad de salvar a Mao de los efectos negativos de sus acciones destructivas? Estoy seguro de que no se trataba de ninguna de las dos cosas, sino de alguna visión muy profunda del ser interior de Mao que Su Santidad podía admirar, aunque fuese perfectamente consciente del daño inconmensurable que Mao causó a tantísimos seres humanos. La comprensión de este hecho está todavía más allá de mi alcance, pero tengo una mínima intuición de que está ahí, en la compasión infinita de Avalokitéshvara, el *bodhisattva* de la compasión, que representa el ilimitado altruismo de los seres iluminados y que se encarna en los dalái lamas.

Nuestros enemigos nos proporcionan la oportunidad de practicar la tolerancia paciente con el intolerante. Aquí se devuelve amor por odio, bien por mal. Este es el reino de todos los grandes seres espirituales, los santos y los adeptos de todas las tradiciones a lo largo de la historia.

Una vez, cuando estaba dando una charla sobre la paciencia, alguien me preguntó: «Entonces, ¿dónde están actualmente todos esos héroes de la paciencia en nuestro planeta violento y lleno de conflictos?». Por un momento, no supe qué responder, y estaba a punto de replicar, de manera más bien conformista: «Están ahí, pero no los vemos». Entonces me vino de repente a la memoria una riña que había tenido con uno de mis hijos, similar a las que viví en mi juventud entre mis hermanos y yo, y a veces también con nuestro padre. Tanto entonces como ahora fue la mujer de la familia –mi madre y más tarde mi esposa– quien intervino para calmar la rabia, interponiéndose entre los gritos y los puños levantados. Por eso, en un destello de inspiración, dije: «Las mujeres son las heroínas que se enfrentan a las palabras violentas y los estallidos de rabia, quienes apelan a nuestros ángeles mejores y calman las furias. Ellas son las que aportan la paz». Me he convencido cada vez más de que es así cuando miro el mundo y recuerdo la historia. Esto no significa que las mujeres sean las únicas personas que tratan hoy en día de mantener la paz, pero, tanto en la vida pública como en el hogar, ellas siguen siendo las únicas que buscan la forma de crear armonía sin recurrir a la amenaza de la fuerza.

La intuición del Buda fue que la existencia de cada individuo es interdependiente de la de todos los demás. Por eso, hacer que todas nuestras interacciones sean positivas –afirmándonos con generosidad e imparcialidad, y recibiendo las aserciones de los otros con paciencia y tolerancia– es mutuamente beneficioso. El altruismo, que se basa en nuestro sentimiento de identificación con los otros y que está reforzado por la idea de que tenemos la obligación moral de ayudarlos, es en realidad una actitud iluminada que en definitiva redunda en nuestro propio beneficio.

Hemos hablado del *bodhisattva* como una persona con una dedicación sincera y a largo plazo para ayudar a que otros seres encuentren la felicidad. El círculo vicioso de enemistad y agresión deja de existir cuando un *bodhisattva* no responde con violencia al daño que se le hace, sino que, en lugar de ello, abraza al agresor con paciencia, aceptación, perdón y amor. El Buda trataba a todos los seres como iguales, dignos de respeto, incluidos los enemigos. Nunca le importaron las intenciones de sus enemigos para con él. Nunca les reprochó nada, y algunos de sus más encarnizados enemigos terminaron siendo sus más entregados seguidores.

Si tratásemos a nuestros enemigos como si fueran el Buda o Jesús, sería mucho menos probable que perdiéramos la paciencia con ellos. No tenemos por qué invitar a los enemigos a que nos hagan daño, ni tenemos tampoco por qué someternos pasivamente a ellos cuando nos lo hacen. Pero cuando nuestros enemigos internos de la ira, el odio, la envidia y sus aliados nos atacan, podemos usarlos como una oportunidad para practicar la paciencia con nosotros mismos, como hacemos cualquier cosa que convenga para superar las emociones destructivas.

Mediante el discernimiento de la paciencia podemos comprender que nuestro enemigo, exterior o interior, es una oportunidad para que despertemos. Mediante el yoga de la paciencia, vencemos al enemigo interior de la ira y el odio, transformando en el proceso nuestras relaciones con los enemigos exteriores.

EL MITO DEL CONTROL

Una de las razones de que nos juzguemos a nosotros mismos severamente es nuestra creencia de que debemos controlar mucho más de lo que lo hacemos todos los acontecimientos de la vida. Tendemos a etiquetar como «enemigo» aquello que no podemos controlar, sea exteriormente –personas o situaciones– o interiormente, a saber, pensamientos y emociones. Solo cuando empezamos a poner en cuestión el supuesto de que lo que está fuera de nuestro control es nuestro adversario, podemos dejar de hacer enemigos a los otros y a nosotros mismos.

La clave para acabar con el mito del control es reconocer las verdades de la interconexión y la impermanencia. El Buda enseñó que nada existe independientemente de las causas y condiciones que lo producen. Si ciertas conversaciones, interacciones y acontecimientos no hubieran ocurrido, tú no estarías aquí sentado en este momento leyendo este libro. Como partes de un todo mayor, no orquestamos el gran movimiento del universo. Podemos llegar a controlar hasta cierto punto nuestra conducta si tenemos un buen día, pero más allá de eso, nuestra capacidad es muy limitada. Para una mirada centrada en sí misma, estamos fundamentalmente aislados y solos, buscando la conexión únicamente para tratar en vano de alcanzar el control. Por el contrario, para una mirada sensible a la interdependencia, todo existe en una urdimbre o red de relaciones.

Y debido a la condicionalidad, nada es rígido, impermeable o fijo. Podemos liberarnos de nuestras estrategias y estratagemas divisivas y de los esfuerzos obsesivos por controlar, y reconocer el carácter fluido de la vida. Las estaciones cambian. Las cosas se mueven. Las personas se transforman. Las situaciones varían. Vivimos en un mundo en el que, sea lo que sea, así es la realidad. Cada aspecto de la vida –incluida la curación– tiene su propio ritmo, su propio flujo y su propio movimiento, y no podemos dictar el ritmo de ese cambio. Podemos responder a esta verdad con resistencia o con sabiduría. Percibirnos a nosotros mismos como parte de una realidad inmensa de cambio nos vincula con la vida en su totalidad. Una vez que disipamos la ilusión de estar separados y de ser realidades estáticas, colaboramos con el cambio, en lugar de actuar contra él, y ya no sentimos la necesidad de agitar un puño cerrado frente al mundo.

Hay muchas cosas que podemos conocer, y muchas cosas que no. Es entre lo conocido y lo ignorado donde encontramos estas verdades esenciales. No podemos saber cómo terminará algo, si alguien se recuperará de una enfermedad, o cuándo o cómo moriremos, pero podemos saber que todos moriremos. No podemos saber qué pensamiento surgirá dentro de un momento en nuestra mente, pero podemos saber que será pasajero, evanescente. No podemos saber si una relación durará, pero podemos saber que la actitud vengativa produce sufrimiento y que la amabilidad amorosa aporta felicidad. No podemos saber el resultado de una acción, pero podemos saber que nuestras acciones tienen consecuencias, porque todos estamos interrelacionados.

Ni siquiera podemos saber cómo sentiremos la próxima respiración, pero sabemos que nuestra vida depende de ese delicado movimiento del aire. No podemos saber el resultado de una entrevista de trabajo, pero podemos saber que todo lo que en este universo tiene la posibilidad de nacer está destinado, por naturaleza, a perecer. No podemos saber lo que sucederá mañana, pero podemos saber que una cosa lleva a la siguiente.

Podemos saber que todas las experiencias son pasajeras, que están relacionadas entre sí y que existen solamente debido a las condiciones que las producen y de ningún modo aparte de ellas. Puede que no comprendamos por qué hay tanto sufrimiento en este mundo, por qué algunas personas se comportan tan mal con otras; pero podemos saber, como dijo el Buda, que el odio nunca terminará mediante el odio, y que solo cesará por el amor. No podemos saber lo que nos reserva el futuro; pero podemos saber dónde se encuentran la felicidad, la fuerza y la sabiduría. Podemos sentir el ritmo de estas verdades por debajo del ritmo ordinario de los acontecimientos con la misma seguridad con que podemos percibir el ir y venir de la espuma cuando estamos sentados en la orilla. Incluso en este mundo de cambio e incertidumbres constantes que no podemos controlar, podemos permanecer libres de la enemistad y del miedo.

Tiempo de entablar amistad

Todo lo que tenga poder de herir, encolerizar o decepcionarnos por su disminución o su desaparición será percibido como enemigo. Convertir el tiempo en un ídolo, objeto codiciado que anhelamos poseer, hace de la vida una batalla perdida. La codicia de más tiempo crea automáticamente una atmósfera de tensión y terror. El tiempo se convierte en un producto básico, lo hacemos nuestro no solo para perderlo, sino también para juzgarlo. Con frecuencia he recordado una sesión de meditación y me he preguntado: «¿Fue una sesión buena o mala?». Pero, como cualquier experiencia de la vida, la sesión de meditación no fue nunca una sola cosa: hubo momentos de paz, momentos de ira, momentos de alegría, momentos de tristeza, momentos de estar soñoliento, momentos de energía. Nuestro movimiento a través del tiempo cambia constantemente, pero tendemos a agrupar todos los momentos y a responder al tiempo como si fuera una sola cosa.

Nos permitimos el mismo pensamiento mágico con respecto al futuro, reduciendo nuestra experiencia del futuro imaginado a una sola dimensión («Este sentimiento doloroso va a estar presente siempre») a la que nos agarramos o rechazamos.

Hacemos todo lo que podemos para dominar el tiempo, para asegurarnos de que todo permanecerá de la manera en que queremos o para que cualquier cosa que resulte desagradable pueda cambiar de inmediato. Pero el tiempo es un amante que exige libertad. Tratando de que se pliegue a nuestros deseos, vivimos desincronizados del momento presente y en oposición con las leyes de la naturaleza.

Cuando fui por primera vez a la India como estudiante de meditación, me sentí tan feliz que planeé quedarme allí por el resto de mi vida. Vivir en cualquier otro lugar me parecía inconcebible. Debido a esa certeza, cada vez que me sentaba a meditar empezaba a obsesionarme con mi visado. En aquella época, era muy difícil conseguir la prórroga de un visado, de modo que día tras día me sentaba allí, sobre mi cojín, planificando mi estrategia para prorrogarlo. *Muy bien, el año que viene, cuando necesite la prórroga del visado, iré a tal ciudad, porque está muy cerca y es seguro que me la darán. Al año siguiente, iré a tal otra, porque está realmente lejos y nadie va allí, así que conseguir el visado puede ser algo automático. Y luego, al año siguiente, cuando necesite otra prórroga iré a aquella otra ciudad porque he oído decir que allí la gente es muy corrupta y se los puede sobornar. Luego, al año siguiente... De repente, sonaba la campana y era el final de la sesión. En la siguiente, yo empezaría con la misma historia una y otra vez porque deseaba fervientemente quedarme en la India.

Evidentemente, tenía que abandonar mi obsesión de tratar de controlar el futuro. Descubrí dos herramientas muy útiles en mis esfuerzos por conseguirlo. La primera fue preguntarme: *¿Qué estoy sintiendo en este mismo momento?* Plantear esta pregunta me permitía estar en contacto con la ansiedad básica –*¿Seré capaz de conseguir lo que quiero?*– y el anhelo nuclear subyacente a mi parloteo sobre el viaje a la India. La segunda herramienta fue el consejo que me di a mí misma: *No estás realmente en la India aunque estés en la India porque todo lo que haces es planificar cómo podrás permanecer en la India. ¿Por qué no estar en la India mientras estás en la India?* Este recordatorio fue crucial, porque tal y como resultaron las cosas, obviamente no acabé quedándome en la India por el resto de mi vida.

Así es como la plena atención puede curar nuestra relación con el tiempo. Viendo nuestra tendencia a inclinarnos hacia el futuro o a volver a repetir el pasado, aprendemos a llevar de nuevo nuestra atención y energía al presente y a conectar con lo que realmente está sucediendo en este momento. También podemos escoger si expresamos la incertidumbre sobre el futuro en términos positivos o negativos. ¿Esperas solo lo peor, o permaneces abierto a la posibilidad de que sucedan cosas maravillosas? ¿Ves el mundo a través de una mirada que induce al temor o a través de unas gafas de anticipación curiosa y entusiasta?

La cara B del temor es la impaciencia, otro intento de controlar el paso del tiempo. A menudo sentimos como si no tuviéramos bastante tiempo, nos parece que el tiempo se acaba, así que luchamos por llenar cada momento de contenido. Temerosos por perder un segundo, acumulamos el tiempo como si fuera dinero. Esto crea un sentimiento subyacente de pánico en nuestras ajetreadas vidas. Al observar el paso del tiempo, nos llenamos de incredulidad. (¡Cuando pienso que hace ya cuarenta años que fui por primera vez a la India, me parece increíble!) Sentimos pesar por el paso del tiempo y miedo de no utilizarlo de manera óptima antes de que sea demasiado tarde. Porque cuando envejecemos nos queda menos tiempo antes de morir del que teníamos antes, convertimos el proceso más intratable de la naturaleza en una forma de latrocinio personal, y el paso del tiempo se convierte en nuestro problema fundamental. Esto crea una ambivalencia con respecto al despliegue orgánico de la vida y al ritmo natural de las cosas.

Nuestra cultura hace poco por enseñarnos paciencia o aceptación del paso del tiempo. El bombardeo con eslóganes propios de los presentadores de programas nocturnos de televisión es suficiente para dar a cualquiera un susto de muerte: *¡Actúa ya! ¡Debes llamar en los quince minutos siguientes!*

Nuestra relación con el tiempo se deforma en ambas direcciones: cuando las circunstancias son agradables, deseamos que se detenga; y cuando los momentos son malos, tratamos de apretar el botón de avance rápido. Se nos enseña a andar siempre con toda la atención puesta en el futuro y a recordar el pasado (para no repetirlo), situando así nuestra mente en cualquier otro lugar, salvo aquí. En nuestra cultura obsesionada con la juventud, alérgica a la vejez, negadora de la muerte, cultura ciber-rápida y de obsolescencia programada, el objetivo es engañar al tiempo en toda ocasión e inclinarlo hacia nuestros deseos. En realidad, la tecnología niega el tiempo (o trata de hacerlo), dándonos la capacidad de conectar instantánea y simultáneamente con una diversidad de información, fuentes, personas y lugares. En esta época de verdadero ametrallamiento de información, se recompensa la impaciencia mientras que la satisfacción retardada se considera pasada de moda. Recientemente estuve en un centro de retiro que

tenía un servicio de internet en el que no eran posibles dos co-
nexiones simultáneas (¡imaginaos!) Estar obligada a esperar mi
turno para poder conectarme casi me arruinó el día.

Hace años, fui a Taiwán a ver a un querido maestro tibetano, el difunto Nyoshul Khen Rinpoche. Después de la visita, mis
compañeros de viaje y yo planeamos volver a ver a Rinpoche
en unos pocos días. Pero en el intervalo, él se había trasladado
a algún otro lugar. Un grupo de nosotros, con flores y regalos,
esperábamos fuera del hotel a que algún taxi nos llevara al
nuevo domicilio. Sentía una honda tristeza. En nuestra visita a
Rinpoche, el maestro me pareció especialmente frágil y enfermo. Y ahora todo lo que podía pensar era: *Oh, no, esta podría
ser la última vez que lo vea*. La perspectiva era desoladora, y
yo me sentía profundamente afectada.

Después, los taxis nos recogieron, pero se extraviaron por las
calles de Taiwán. En ese momento, mi actitud ante la posibilidad de volver a ver a Rinpoche cambió de repente. Eufórica,
empecé a pensar: *Daría cualquier cosa por verle una vez más.
¡Una vez más sería lo mejor del mundo! ¡El mejor regalo que
nunca podría tener!*

Resultó que finalmente los taxis encontraron la dirección
correcta, y pudimos ver a Rinpoche. Al contrario de lo que
había temido, vivió muchos años más y pude verlo en muchas
otras ocasiones. Pero esa experiencia me enseñó una lección
valiosa, porque vi con claridad cómo «una vez más» puede ser
la mejor perspectiva imaginable o la peor, dependiendo de
cómo se relacione uno con ella.

El sentimiento de ser perseguido por la sombra del tiempo
crea un sufrimiento indecible en nuestras vidas. Por eso les digo
a los alumnos que si sienten que nunca hay tiempo suficiente

para hacer todas las cosas que tienen que hacer, tal vez tengan que hacer menos cosas. Me gusta lo que decía el teólogo Howard Thurman: «No te preguntes qué necesita el mundo. Pregúntate qué te hace revivir, y hazlo, porque lo que el mundo necesita es gente que haya revivido».[8]

Filósofos y físicos nos han dicho que hay dos tipos de tiempo en el mundo: el tiempo producido por el hombre y el tiempo cósmico. Es fundamental que prestemos atención a los dos si esperamos mantener algún tipo de equilibrio. Los antiguos tenían un nombre para el tiempo del reloj de arena –*nunc fluens* («lo que fluye ahora» en latín)–, el tictac metronómico del tiempo cronológico que te crispa los nervios, te encanece el cabello y forma anillos en el tronco del árbol. Y luego está el *nunc stans* («lo que permanece ahora»), el tiempo cuando lo consideramos a través de la plenitud del momento presente.

Cuando los maestros de meditación hablan del «poder del ahora», es al *nunc stans* al que se refieren. Este presente expandido es lo que experimentamos no solo durante la meditación, sino también, a intervalos, en la naturaleza (como evocaba Wordsworth en su célebre poema «Indicios de inmortalidad»), mientras se crea una obra de arte, y en momentos luminosos de amor. En *nunc stans*, el reloj parece detenerse, dejando caer su telón de gasa sobre nuestra mente cotidiana e introduciéndonos en el gran silencio. Por inespacial que esto pueda parecer, durante los momentos *nunc stans* estamos realmente más alerta que de costumbre y somos más capaces de ver con claridad y de responder con eficacia que cuando estamos contando los minutos.

Necesitamos una sensación más amplia del tiempo que nos ayude a aceptar lo que todavía no se ha revelado.

Imaginamos falsamente que lo que está delante de nosotros es el fin de la historia; nuestras mentes objetivadoras nos dicen que lo que vemos es lo que conseguimos. Pero no conocemos las consecuencias que las cosas tienen a largo plazo, y esto nos da una visión limitada del tiempo. Esta perspectiva a corto plazo informa habitualmente nuestras acciones, nuestro dar, nuestro cuidar. Tal vez das a alguien un libro y no reacciona. Entonces piensas: *Bien, no ha sido un gran éxito*. Pero años después, la persona vuelve y te dice algo como: «¿Sabes?, me diste aquel libro, y en ese momento no significó mucho para mí, pero ahora mi madre está muy enferma, cogí el libro y era exactamente lo que necesitaba». A veces tenemos suerte y conseguimos alguna clase de respuesta a nuestras acciones, pero normalmente nos limitamos a dejar caer semillas que se difunden en direcciones desconocidas y de las que solo sabremos algo mucho más tarde, si es que alguna vez llegamos a saber alguna cosa de ellas. Un sentimiento expandido del tiempo nos enseña que es el acto de soltar la semilla lo que en realidad importa, no cómo y cuándo crece la flor, o ni siquiera si llega alguna vez a crecer.

Adoptar una visión a largo plazo procura un sentimiento adicional de amplitud, perspectiva y sabiduría. Cuando las cosas nos hieren realmente, podemos comprender con el tiempo que nos han abierto caminos que más tarde nos permitieron responder de forma más sabia a situaciones similares. Si podemos vivir de esta manera, el tiempo deja de ser el enemigo.

3. La victoria sobre el enemigo secreto

En nuestro trabajo con el enemigo interior, hemos superado ya la subordinación a los impulsos de la ira y el odio. Mientras sigamos siendo conscientes del enemigo interior y consigamos resistirnos a sus demandas, nuestro cuerpo, palabra y mente no serán ya instrumentos de la ira ciega y el odio compulsivo. Cuando comprendemos de qué modo los impulsos ciegos han estado controlando nuestras acciones, empezamos a descubrir una nueva libertad interior. Mientras que antes identificábamos la voz de la ira como la nuestra, propia e incuestionada, y no podíamos negarnos a sus exigencias, desde el momento en que vemos que tenemos una pluralidad de voces en la mente somos capaces de recurrir al sentido común y a la razón, y escuchar la voz de la sabiduría que nos dice que ya no tenemos que actuar en función de nuestros impulsos. Incluso después de sufrir una agresión, podemos elegir una respuesta que sea apacible, tranquila y juiciosa, que nos permite curarnos a nosotros mismos e impide al agresor hacernos más daño. Nuestras acciones no son ya meras reacciones; por eso tienden a ser mucho más eficaces.

Pero ¿esta libertad interior de la que ahora disfrutamos es completa? ¿Estamos en condiciones de poder mantener la calma en todo momento? Si somos honrados con nosotros mismos, tendremos que admitir que hay profundidades en nuestra psique que están más allá de nuestra observación consciente. Todo lo que es inaccesible a nuestra consciencia es, en un sentido muy real, un secreto que nos ocultamos a nosotros mismos. Este es el enemigo secreto. No podemos tener plena seguridad en nuestra capacidad de controlar al enemigo interior si no descubrimos al enemigo secreto y desvelamos sus intenciones, llevando a la consciencia aquello de lo que anteriormente éramos inconscientes.

El enemigo secreto es una estructura interior que está profundamente entrelazada con lo que la psicología budista llama el «hábito del yo», identificado como la raíz más profunda del deseo, la ira y el engaño. Erigiéndose sobre el fundamento del hábito de la identidad, el enemigo secreto es la voz interior de la preocupación por uno mismo: «¿Qué pasa conmigo?, ¿cómo estoy actuando?, ¿qué saco de ello?, ¿qué hago?, ¿cómo me ven?, ¿cómo me serán útiles?». Escuchamos absortos esta voz insistente e incesante del ego y sentimos que no podemos negarla, *porque pensamos que es nuestra propia voz*. Sin embargo, esta voz de la preocupación constante por nosotros mismos es nuestro enemigo mortal, insidiosamente poderoso precisamente porque pretende ser nuestra auténtica voz y porque parece ser útil y comprensiva, cuando en realidad nos está hundiendo en el camino de la destrucción. Escondido a nuestra mente consciente al haberse apoderado de ella, el enemigo secreto vive en las sombras, ocultándose de nosotros al aparecérsenos como nuestro verdadero yo.

¿PREOCUPARSE POR SÍ MISMO O AMARSE A SÍ MISMO?

La preocupación por uno mismo no es lo mismo que el amor a sí mismo. La preocupación por sí mismo es la antítesis de lo que el Dalái Lama quiere decir cuando afirma que nunca conoció a nadie al que considerara un extraño. Cuando estamos fijados en nosotros mismos –lo que habitualmente significa estar fijado en lo que creemos que nos falta a nosotros o a nuestra vida–, la existencia misma se convierte en una adversaria. No conectamos con los demás, pues apenas los oímos por encima del estrépito de nuestro monólogo interior: *¿Qué piensan de mí? ¿Les gusto? ¿Les gusto más de lo que les ha gustado cualquier otra persona que hayan conocido antes? ¡Oh, no!, me odian. Dije algo estúpido. Eso es malo...* Encerrados en esta cámara autorreflectante, no podemos dar, recibir ni relacionarnos. En lugar de ello, nuestra atención se centra en reforzar nuestra propia imagen temblorosa y en aliviar los sombríos sentimientos de vaciedad.

Cuando nos relacionamos de manera auténtica con el mundo que está dentro de nosotros y a nuestro alre-

dedor, esa carga se disipa. Esta es la razón de que sea
tan importante hacer frente a las múltiples voces de los
saboteadores, elementos negativos y críticos que resi-
den en nuestra mente, si no queremos convertir a los demás en enemigos. La obsesión por uno mismo alimenta
la ira y el desprecio en los demás, llevando inevitablemente al conflicto.

El poeta Wendell Berry, al definir la comunidad como
«la unidad más pequeña de salud», decía que «hablar
de la salud de un individuo aislado es una contradicción
intrínseca».[9] Berry define además la comunidad como
«un lugar y todas sus criaturas». Todas las criaturas que
constituyen una comunidad están relacionadas entre sí.
La curación de la enemistad y el miedo no es, pues, algo
que se haga independientemente de los otros, por uno
mismo y para uno mismo. Por el contrario, exige el reconocimiento de que cada uno existe como parte integrante de un tejido más amplio, de un conjunto superior.

La interrelación implica que todos vamos a hacerlo
juntos o no lo haremos. La vieja idea de nosotros-frente-
a-ellos, que supone que lo que les suceda a ellos «allí»
–dondequiera que ese «allí» se encuentre– no nos incum-
be está obsoleta. No nos podemos permitir creer que la
vida de todos los días no sea un hecho global o que lo
que sucede allí se quede allí. Por eso, en estos tiempos
difíciles, existe esa llamada clamorosa a la acción social
transformadora que no materializa una idea rígida del
«otro», que no se basa en el odio a nadie, y que busca
soluciones de las que todos salen beneficiados. El precio
de tener enemigos es demasiado alto.

No se necesita una visión particularmente espiritual para constatar esta realidad. La interpretación medioambiental confirma que todos estamos relacionados. La epidemiología nos enfrenta con esa misma verdad cierta de la interdependencia, y la economía nos recuerda también, como se prueba una y otra vez, que las fronteras son construcciones conceptuales: de alguna manera lo que sucede en Grecia tiene consecuencias sobre mi vida en una pequeña ciudad de Massachusetts.

Cuando estamos atentos a la realidad, la vida nos muestra lo relacionados que realmente estamos. Esto es evidente a través de todos los giros y vueltas de la vida, cuando nos enfrentamos a dificultades, cuando afrontamos la fragilidad de las circunstancias, cuando compartimos nuestra felicidad con otros, cuando estamos dispuestos a encontrarnos con un extraño de una manera nueva.

El enemigo secreto está firmemente asentado en nuestro arraigado hábito del yo, en nuestro hábito de pensar que tenemos una identidad fija. Pero ¿qué es exactamente este hábito de la identidad fija? Es la sensación que tenemos de ser siempre la misma persona, una subjetividad determinada, y de que nuestra identidad sigue siendo la misma en todas las circunstancias de la vida. Cuando ves una foto tuya de cuando eras joven —cuando eras adolecente, por ejemplo—, te da la impresión de que sigues siendo la misma persona que tu yo más joven, aunque un momento de reflexión te revela que ni una sola célula de tu cuerpo es igual que entonces. La experiencia de la persistencia inalterable es lo que llamamos el hábito de identidad o, en el nivel inconsciente más profundo, el «instinto de identidad».

La sensación de ser siempre el mismo yo que constituye el instinto o hábito de identidad me proporciona la impresión de que, en cualquier momento dado, estoy percibiendo mi «yo real». La convicción absoluta de que *yo estoy aquí* se convierte en la base aparentemente concreta de mi constante preocupación por mí mismo: mi egocentrismo, mi egoísmo, mi carácter posesivo. Y es esta preocupación por mí mismo lo que me mantiene en un estado de frustración e insatisfacción constantes, sintiendo que nunca me quieren bastante, que nunca tengo bastante, que nunca *soy* bastante.

Pero cuando investigo este sentimiento habitual del yo, volviendo mi egocentrismo sobre sí, puedo comprobar fácilmente que soy incapaz de encontrar algo estable y perdurable que pueda ser identificado como *el yo real*. Puedo localizar partes de mi cuerpo y sus procesos. Puedo identificar momentos fugaces de sensaciones, pensamientos e ideas. Y puedo encontrar palabras e imágenes que aparecen y desaparecen, y sentimientos y emociones entrelazados con esas sensaciones, palabras e imágenes. Puedo incluso llegar a ser consciente de la consciencia misma, manteniendo y perdiendo el rastro de todo ello. Pero en ninguna parte encuentro ese supuesto yo, concreto, fijo e independiente.

Cuanto más profundamente ahondamos, con más claridad reconocemos que nuestra sensación de autopercepción es un engaño, un error. Cuando nos centramos en el reconocimiento de que nuestra sensación de autopercepción es un engaño, la continua preocupación por uno mismo empieza a percibirse como algo falso, y su flujo constringente se hace menos abrumador. Nuestro sentido del yo comienza a debilitarse –podemos sentir incluso como si nos estuviéramos volviendo locos– y en los intervalos olvidamos por un instante quién es el que estamos tratando de ser y nos sentimos perdidos en nuestro entorno. Liberados momentáneamente de nuestro rígido sentido del yo, nos sentimos asustados al entrar en contacto con algo distinto de nosotros mismos, liberados –como decía George Harrison, de los Beatles– de la jaula del «yo, mí, mi, mío».

Como estructura del inconsciente, el enemigo secreto tiene la fuerza del instinto, mientras que en un nivel más consciente actúa como un hábito. Se manifiesta encerrándonos y manteniéndonos apartados de la realidad y de las otras personas, de manera que nos centramos solo en nuestra propia condición del yo. Bien parapetado en el interior, el enemigo secreto refuerza la ilusión de que hay una estructura sólida en su núcleo. Pero es como la lazada del zapato, que parece muy firme hasta que tiramos de la punta del cordón y comprendemos que no hay nada realmente firme. Uno de los grandes logros del Buda fue descubrir la estructura de nudo del rígido sentido del yo y deshacerla, dejando claro que su solidez es meramente ilusoria. Y una vez que experimentamos el carácter ilusorio de ese yo en apariencia sólido, nos liberamos de su esclavitud. No dominados ya por la fijación inconsciente en el yo y el hábito consciente de la preocupación por uno mismo, podemos experimentar y disfrutar la verdadera libertad interior.

Trabajar con el enemigo secreto

Es común a la naturaleza animal y humana pensar que tenemos un núcleo estable de identidad. El hábito del yo es el ancla de nuestro sentido de la existencia y el fundamento básico de nuestra conciencia en el mundo. Nos empeñamos en pensar que este *yo* es un yo real, un yo absoluto, independiente, autosuficiente, intrínsecamente innegable. Y tendemos a suponer que si diseccionamos analíticamente toda nuestra experiencia consciente, las impresiones de los sentidos, los pensamientos, las emociones, las alturas y las profundidades, terminaríamos enfrentándonos con este yo absoluto. Por eso, cuando oímos la expresión *no-egoísta* reaccionamos en dos niveles. En un primer momento, podríamos pensar en Florence Nightingale, o en Gandhi, o en héroes militares, personas que se sacrifican por los demás. No-egoísmo significa, en este sentido, ser capaz de renunciar al núcleo duro del yo por una vocación superior. Sin embargo, en un nivel más profundo, el *no-egoísmo,* como negación filosófica y psicológica, niega técnicamente la existencia del yo o el ego absoluto que consideramos el ancla de nuestra existencia, diciéndonos simplemente que es una percepción errónea, una ilusión. En principio, cuando interpretamos el no-egoísmo de esta manera, es probable que nuestra reacción sea

el temor, tal vez el miedo o la irritación, incluso la consternación. El no-egoísmo desafía nuestra manera no examinada de
experimentarnos a nosotros mismos y, de ese modo, al mundo.

La errónea sensación de un yo fijo, independiente –el fundamento del enemigo secreto del hábito de la identidad– sostiene
la implacable obsesión y preocupación por uno mismo que le
está asociada. Escarbar el inconsciente en el nivel del instinto
puede ser una tarea abrumadora, por eso necesitamos una ayuda
poderosa para no huir al primer signo de peligro. Felizmente,
en nuestra lucha con el enemigo secreto y su soporte básico,
podemos recurrir a un eminente maestro y poeta budista del
siglo XI, el maestro Dharmarakshita. Él nos dejó un registro
vívido de su propia lucha con el enemigo secreto en su obra
maestra *Lojong Tsoncha Khorlo* en tibetano, que se traduce por
La rueda de filo de la reforma de la mente.

Dharmarakshita identificó cuatro pasos básicos para la victoria sobre el enemigo secreto. 1) El primer reto es descubrir
el enemigo secreto, la constante preocupación por uno mismo
que se basa en el complejo de identidad del yo como instinto
y como hábito. 2) Una vez que lo descubrimos, tenemos que
observarlo y, con mirada penetrante, experimentar con atención
cómo actúa en nosotros, tanto en el nivel del hábito como en
el nivel de instinto inconsciente. 3) No obstante, hacerse consciente del enemigo secreto no libera inmediatamente de sus
perniciosos efectos. Lleva tiempo hacerlo salir y debilitarlo,
corrigiendo nuestra errónea percepción con sabiduría, y cultivando el antídoto de la preocupación por uno mismo, a saber,

la preocupación por los otros. 4) Y finalmente, tenemos que mejorar nuestra comprensión crítica del enemigo secreto por medio de la concentración meditativa, ir lo suficientemente hondo para desarraigar el patrón instintivo subyacente, alcanzar la dicha que brota de la libertad interior y sellar así nuestra liberación respecto del enemigo secreto.

Este camino de cuatro pasos para conseguir la victoria sobre el enemigo secreto es un proceso gradual, que exige sabiduría crítica y concentración meditativa, perseverancia creativa en la acción mental y social, y, por último, el valor suficiente para tolerar la libertad y la dicha. Requiere, en suma, verdadero heroísmo.

Aquí es donde entra *La rueda de filo de la reforma de la mente*. ¿Qué significa este título? La rueda de filo es un arma afilada, un pequeño círculo de cuchillas a veces llamada «estrella arrojadiza». Es un símbolo de la sabiduría crítica con la que acabamos con el enemigo secreto. Dharmarakshita nos enseña que el enemigo secreto es como un demonio, un enemigo implacable que nos ha capturado y nos ha hecho prisioneros en nuestra vida sonámbula. Esta vida sin despertar de la absorción en el yo, del ensimismamiento, no admite ninguna relación real con las otras personas ni con el mundo que nos rodea; no permite ninguna apertura real a la cordialidad humana ni al amor. Es una especie de muerte en vida. Dharmarakshita nos proporciona el arma de la rueda de la enseñanza para vencer a este demonio-enemigo, un arma que salva la vida liberándola del egotismo y el egoísmo.

La reforma de la mente es una transformación a través de los pasos del despertar del sueño del narcisismo. No se trata de impartir nueva información o nuevos instrumentos para la misma mente vieja, sino más bien de un trabajo sistemático para expandir y abrir la mente, liberándola de sus antiguas confusiones y temores debilitantes, y para centrarla en su apertura y en su capacidad de reacción naturales. Hay que cultivar esta mente expandida, y Dharmarakshita nos ofrece un método para conseguirlo.

Después de que mi primer maestro, el venerable Geshe Wangyal, hubiera pasado un par de años corrigiéndome y mostrándome mi preocupación por mí mismo y mi adicción al yo, me presentó la enseñanza de la rueda de filo como lo esencial de la enseñanza liberadora del Buda, habitualmente llamada el *dharma*. Así como los *ninjas* usaban las armas que llamamos «estrellas arrojadizas» para hacer pedazos a sus enemigos, la rueda de filo doblega a nuestro enemigo secreto, dañando seriamente el narcisismo, la vanidad y la persistente preocupación por uno mismo. La rueda de filo es una imagen muy fuerte de la transformación mental, una forma más feroz que el bisturí de la sabiduría crítica de Mañjushrí. La sabiduría de la realidad suprema no consentirá ninguna de nuestras preocupaciones egoicas basadas en el hábito del yo; las cortará en cintas. No tenemos que preguntarnos si este proceso funcionará. Nuestra propia inteligencia decidida y nuestra honradez emocional tienen el poder de aplastar el hábito de la identidad del yo y nos sacarán de la jaula de hierro de la preocupación por uno mismo.

La victoria sobre el arraigado instinto egoico que nos aprisiona es verdaderamente apocalíptica, en el sentido de ser inmediata en su poder revelador. No nos permite sentarnos a esperar alguna vida futura en la que alcanzaremos la iluminación. Se trata de destruir al enemigo secreto ahora.

Para acabar con el enemigo secreto es importante tener un modelo de iluminación. Despertamos a la sabiduría bienaventurada, libre e intuitiva, en esta vida; por eso, el modelo debería ser alguien –tal vez un maestro, un terapeuta o un guía espiritual– que encarne estas cualidades. Podrías escoger a Dharmarakshita como modelo, o a Shantideva, del que hablábamos en el capítulo 2, o al Dalái Lama, o a Jesús, o al Buda, o a cualquier otro mentor que te inspire.

Descubrir al enemigo secreto

Cuando consigas descubrir al enemigo secreto y te enfrentes a él, deberás llevar contigo la visión de tu maestro iluminado, porque al principio de este proceso, tu punto de referencia es la visión habitual del mundo, que probablemente no sea más que un montón de basura comparada con el cielo o los paraísos de la tierra pura de los budas. Mientras no estés despierto, tu centro seguirá estando en ti mismo, con pensamientos como *¿Qué puedo conseguir?, ¿dónde encajo?, ¿hacen ellos lo que yo quiero?, ¿es lo bastante bueno?, ¿satisfacen mis necesidades?* Estas actitudes son los últimos balbuceos del demonio de la preocupación por uno mismo, los barrotes de los muros de tu prisión, la anilla en la nariz por la que el enemigo secreto te conduce. En este punto, te identificas por completo con tu enemigo y captor, la adicción al yo.

El mentor auténtico –el verdadero guía espiritual– es la sabiduría de la realidad suprema, presente en el nivel más profundo de la fuerza de vida dentro de tu corazón. Se manifiesta como la persona que te reta a enfrentarte a ese demonio, que estimula tu sabiduría intuitiva para localizar al enemigo en tu interior y eliminarlo. No es el mentor quien te libera; es tu comprensión la que ataca al enemigo que tú crees, erróneamente, que te está impidiendo liberar tu comprensión liberadora.

Cuando descubrimos al enemigo secreto, llegamos a ver cómo nuestra preocupación por nosotros mismos mata nuestras relaciones, que son la fuente de nuestra energía vital. El egotismo piensa equivocadamente que puede obtener energía del supuesto yo absoluto, pero ¿cómo se puede sacar energía de algo que no existe? El yo absoluto es solo una construcción mental, una fantasía, un espejo en una sala de espejos que parece reflejar algo que en realidad no existe.

La reforma de la mente implica la reflexión sobre cómo asumir todas las cosas negativas que nos suceden –pérdida, dolor, fracaso, hostilidad de los otros– y hacer algo positivo con ellas. El primer paso es asumir la responsabilidad de todo lo malo que nos sucede y no atribuir las críticas a nuestros enemigos exteriores. Trabajar para liberarnos del enemigo secreto requiere invertir toda nuestra energía en la evolución interior, en lugar de dedicarnos a luchar contra la gente y los acontecimientos que nos rodean. *La rueda de filo* se esfuerza en citar una tras otra las desdichas que pueden acontecernos, y luego nos muestra cómo debemos entenderlas en tanto que consecuencias de nuestras propias acciones negativas anteriormente realizadas, que vuelven ahora como un bumerán que hubiésemos lanzado en nuestra vida o vidas anteriores, y que tras describir un círculo regresa para golpearnos. Así, cuando pierdo mis propiedades, es porque arrebaté a otros sus propiedades en el pasado. Cuando mi casa se incendia, es porque incendié la de otros hace mucho tiempo. Cuando pierdo mis relaciones, es porque acabé con las relaciones de otros en el pasado. Y así sucesivamente. En resumen, culpamos a la víctima –nosotros mismos, solo en un sentido profundamente evolutivo– para asumir la responsabilidad de todo y de este modo potenciarnos a nosotros mismos, ¡para no ser nunca más impotentes como víctimas! Y luego añadimos a esa nueva potenciación el descubrimiento del enemigo secreto como lo que nos dominaba en nuestro pasado evolutivo y provocó que hiciéramos todas esas cosas de manera egoísta, cosas que ahora nos son devueltas. Esto, pues, fortalece nuestra resolución de reconocer al enemigo secreto y hacerle frente, para no seguir sus dictados y no hacer nunca más nada negativo a nadie.

Observar al enemigo secreto

Este paso importante para lograr la victoria sobre el enemigo secreto nos exige que cambiemos radicalmente nuestro relato del pasado, que dejemos de ser la víctima impotente, y adquiramos la capacidad de ser el agente activo de nuestra vida y de nuestro destino evolutivo. En vez de seguir quejándome de mi entorno, por ejemplo, reconozco que siempre he considerado cualquier cosa que estuviera a mi alrededor como algo defectuoso debido a mi propia percepción imperfecta. Ahora, en vez de mirar al mundo y ver solo sus aspectos negativos y feos y a personas haciéndose daño unas a otras, doy la espalda a mi mal orientada certeza y purifico mi percepción.

Consideremos, por ejemplo, a los activistas de la ecología. Sin duda son los héroes de la actual crisis planetaria, pero su eficacia puede verse gravemente mermada si caen en la errónea percepción de que la situación es desesperada, que los que contaminan nunca se reformarán, y piensan que sus protestas caerán en oídos sordos y, en última instancia, no lograrán detener la destrucción. Para ser eficaces, deben volver su atención hacia el interior y descubrir la raíz de su desesperación, y a partir de ahí enfocar cada situación sin prejuzgar el resultado, inspirándose a sí mismos y a los otros con esperanza.

Una práctica que podríamos hacer para potenciar nuestra visión por un mundo mejor es la visualización de la «perfección de la percepción», mediante la cual transformamos de forma sistemática nuestro entorno ordinario en el mundo perfecto del mandala, el espacio perfecto de protección de la mente para cultivar la confianza y la creatividad. Al visualizar nuestra vida diaria como ese mandala, nos imaginamos en un universo mágico donde todo está constituido de una energía tan pura como las piedras preciosas, donde las montañas y las nubes son de una belleza exquisita, donde todo es dicha y libertad, y no hay suciedad, ni basura, ni contaminación, ni nada negativo.

Este tipo de práctica de visualización te traslada a un plano sutil donde abandonas tu implicación habitual en el mundo ordinario y diriges tu atención crítica hacia ti mismo. Cuando el mundo exterior parece malo o tu mentor parece imperfecto, puedes invertir esas percepciones y tomarlas como un fallo de tu percepción. Políticos corruptos, escasez de alimentos, guerras, terrorismo: incluso estos acontecimientos podemos contemplarlos como proyecciones de nuestras imperfecciones. Observar al enemigo de esta manera implica asumir la responsabilidad en haber hecho del mundo un lugar impuro, imperfecto. Para ayudarnos a invertir nuestra percepción, podemos repetir el siguiente pensamiento.

Todas las imperfecciones que percibo tienen que ver con mi visión imperfecta. Cada vez que tengo una percepción negativa de algo, lo cuestionaré radicalmente y venceré mi percepción habitual de lo ordinario. Esta es la purificación de la percepción.

Reimaginar el mundo como el mejor de todos los mundos posibles es una práctica muy radical. Exige de nosotros una revolución interna, un cambio total de la mente. Al usar tu facultad crítica, ves con claridad que todo está libre de cualquier núcleo sustancial fijo, que todo es relativo. Comprendes que la realidad relativa es fluida, no fija, que es multifacética, ambigua, y cognitivamente disonante, a la vez que ordinaria y extraordinaria. Decides que puedes cambiarte a ti mismo, y que otros pueden cambiarse a sí mismos, así que todo es posible. Te liberas de la desesperación, y liberas tu creatividad en cualquier situación.

Practicamos la purificación de la percepción para dejar de criticar a los demás, para dejar de ver todo lo negativo que hay en el mundo como si estuviera causado por los otros y, en lugar de ello, aceptamos esa negatividad como nuestra. Esto nos capacita para hacer algo por nosotros mismos y asumir la responsabilidad de nuestro futuro. Si vemos que nos suceden cosas malas como resultado de nuestras acciones y percepciones pasadas negativas, podemos cambiar todo a nuestro alrededor. Mediante este giro radical, vemos el mundo como el mejor de todos los mundos posibles. Como aspirantes a *bodhisattvas*, héroes del despertar, nos comprometemos a hacer de este mundo el mejor de todos los mundos posibles para todos los seres.

La única manera en que podemos cambiar realmente una situación es dominando por completo nuestra reacción ante ella. El autocontrol nos da poder. Al asumir la responsabilidad por las cosas negativas que nos suceden y aceptar esos problemas como construcciones nuestras, dejamos de demonizar a los otros. Cuando alguien nos hace daño, no enloquecemos ni protestamos contra nuestro destino. Pensamos: *Esto me sucede para purificarme de mis acciones negativas anteriores. Los budas, las deidades y los ángeles me están instruyendo de esta manera. Es muy amable por su parte.*

Al principio, todo en nosotros se rebela contra esta práctica. *¿No es eso ser masoquista?*, podríamos pensar. Pero asumir de este modo nuestra responsabilidad, lejos de ser masoquista, es algo amable hacia nosotros mismos. La extracción de un diente cariado puede ser dolorosa a corto plazo, pero elimina la potencia para una desdicha mayor a largo plazo.

Shantideva decía: «Si no te gusta pisar sobre espinas y piedras afiladas cuando caminas por el mundo, tienes dos opciones. O pavimentas la tierra entera con el cuero de los zapatos, o te haces un par de sandalias». La reforma de la mente consiste en hacerse unas sandalias para el alma.

LA EMPATÍA

La ciencia nos enseña cosas intrigantes sobre cómo se desarrolla la empatía, la capacidad para identificarnos con los sentimientos de los otros. El descubrimiento en la década de 1990 de una clase de células del cerebro llamadas «neuronas espejo» sugiere una nueva interpretación de cómo aprendemos a llevarnos bien unos con otros. La interpretación actual considera que las neuronas espejo son el sistema físico del cerebro para armonizar a los individuos con su entorno. El único propósito de estas neuronas parece ser reflejar en nuestro cerebro las acciones que observamos en otros, facilitando que sintamos lo que ellos sienten. «Las neuronas espejo nos permiten captar la situación mental de los otros no a través de un razonamiento conceptual, sino a través de la simulación directa. Por el sentimiento, no por el pensamiento»,[10] explica Giacomo Riolatti, el científico que dirigió el equipo que realizó este descubrimiento.

Un niño recién nacido, apenas capaz de ver, puede imitar las expresiones faciales de los adultos en una hora de discurso. De la mirada complacida en los ojos de la madre, el bebé saca sus primeras lecciones, sin palabras, sobre la conexión, el cuidado y el amor; y aprende también cómo el hecho de ser ignorado hace que esos buenos sentimientos desaparezcan.

Es debido a las neuronas espejo el que bostecemos cuando vemos que otro bosteza, que nos estremezcamos cuando otra persona es golpeada, y que riamos cuando las personas que están a nuestro alrededor rompen a reír. (De hecho, las personas que dan resultados altos en el test del «bostezo contagioso» parecen ser más empáticas.) Se considera que las neuronas espejo son la razón de que las emociones –tanto negativas como positivas– puedan en ocasiones ser tan contagiosas como la gripe. Imagina: el propio cerebro podría estar construido para permitirnos salvar la división nosotros-frente-a-ellos y experimentar a los otros como desde el interior de su propia piel.

La investigadora Barbara Fredrickson lleva esta noción un paso más allá al ofrecer una idea nueva de cómo nos relacionamos unos con otros, basada en lo que llama «micromomentos de resonancia de positividad».[11] El amor, dice, consta de estos micromomentos

compartidos no solo con los seres más cercanos y queridos, sino con cualquier persona con quien tengamos
alguna relación en el curso normal del día: un compañero de trabajo, un camarero en la cafetería, incluso un
extraño. La acción que ha estudiado en su investigación
es la meditación de la amabilidad amorosa. Barbara co-
menta: «El amor, desde la perspectiva de tu cuerpo, es
una oleada biológica de buenos sentimientos y cuidado
mutuo que avanza en dos o más cerebros y cuerpos a
la vez. Tu cuerpo necesita esos micromomentos de resonancia de positividad, igual que precisa de buenos
alimentos y actividad física (...). Cuantos más micromomentos de este tipo tenga cada uno, más feliz, sano y
sabio será».[12]

Estas «ráfagas» de emoción positiva que fluyen entre
nosotros y los demás «construyen los verdaderos lazos
que nos mantienen vivos», dice Fredrickson.[13]

La ciencia de la resonancia de la positividad implica
a las neuronas espejo, la hormona oxitocina y una condición llamada tono vagal. La oxitocina hace que nos
sintamos más confiados y abiertos a la relación, y es la
hormona de la vinculación y el cariño que se activa durante micromomentos de amor. El tono vagal está rela-
cionado con la actividad del nervio vago, que conecta
el cerebro con el corazón y otros órganos, y afecta a la
capacidad de la persona para el amor. Como explica
Fredrickson, «el nervio vago estimula diminutos músculos
faciales que permiten establecer mejor contacto visual
y sincronizar las expresiones faciales con las de otras personas. Incluso ajusta los minúsculos músculos del oído

medio para poder seguir mejor la pista de la voz de otra persona frente a cualquier ruido de fondo».[14]

El cerebro, el sistema nervioso y las hormonas parecen estar preparados para la resonancia. La empatía, incluso el amor, puede estar mucho más a mano de lo que pensamos.

En el proceso de la reforma de la mente, es muy importante considerar con quién nos asociamos. La realidad de la interrelación es que estamos muy influidos por las personas con las que pasamos el tiempo. Si nos relacionamos con frecuencia con personas iluminadas que tienen más discernimiento, amabilidad y sabiduría que nosotros, nos veremos influidos por esas cualidades. Si habitualmente estamos en compañía de personas que son negativas, mentirosas o autodestructivas, nos volveremos igual que ellas. Sobre todo, es importante no pasar el tiempo con el enemigo secreto, el hábito de la preocupación por uno mismo. La preocupación por uno mismo es el peor amigo al que adoptar y el mejor para abandonar. La manera óptima de abandonar este hábito, de desgastarlo poco a poco, es reemplazarlo por la preocupación por los otros. En vez de centrarnos siempre en lo que podemos obtener de los demás, nos podemos centrar en lo que los demás están obteniendo de nosotros. Pensamos en ellos, y una corriente de pensamientos altruistas surge a raudales de lo que antes era el habitual flujo de pensamientos de preocupación por nosotros mismos. La transformación que gradualmente se sigue de hacer esto de manera cuidadosa se convierte en el motor de la reforma-de-la-mente. Esta práctica diaria, una práctica de la meditación-en-acción, se llama «sustitución del yo por el otro», y es el núcleo de la práctica tanto de Shantideva como de Dharmarakshita.

La reforma de la mente es un método poderoso para manejar las relaciones interpersonales que constituyen la vida diaria. Una cosa es irse a meditar en soledad a una cueva, y otra desarrollar una práctica mental que funcione en las relaciones interpersonales. Podemos desarrollar la compasión solo mediante la interactuación con el otro, y, de manera realista, siempre estamos interactuando con otros. La meditación conocida como práctica de dar y tomar puede ayudarnos a desarrollar la conciencia de cómo nos comportamos en las interacciones sociales cotidianas.

Práctica del dar y tomar

La meditación de dar y tomar es una manera de empezar a neutralizar la hostilidad y el miedo a nuestros enemigos. Imaginamos que ofrecemos nuestra felicidad a los otros y tomamos su sufrimiento sobre nosotros. Aliviamos a nuestros enemigos de su hostilidad adoptando su perspectiva y sintiendo la tensión y el estrés que ellos sienten al enfadarse con nosotros y querer perjudicarnos. Aceptamos la ira del enemigo y permitimos que aplaste nuestro yo egotista, que quiere perjudicar al enemigo por el daño que piensa que él está tratando de hacernos. De esta manera, reorientamos la agresión del enemigo para que nos ayude a conquistar nuestros habituales sentimientos y respuestas de carácter negativo.

En la meditación del dar y tomar, asumimos en nuestra imaginación el dolor y el sufrimiento de los otros, incluidos nuestros enemigos, con nuestras inhalaciones, del mismo modo que si estuviéramos inhalando nubes de humo. Entonces dejamos que el dolor y el sufrimiento se disuelvan en la apertura de nuestro corazón, que se ha liberado del hábito de la identidad. Y, finalmente, con la exhalación difundimos la luz de la dicha que brota de las profundidades del corazón liberado y fluye hacia los otros. (Véase Apéndice, página 261, para instrucciones más detalladas sobre la práctica del dar y tomar.)

El dar y tomar es una meditación liberadora. Al imaginar que permitimos al enemigo conseguir la victoria sobre nuestro yo, nos desidentificamos de la necesidad mental de preocuparnos por el yo propio y por lo que pueda pasar con uno mismo, y la reemplazamos por una actitud mental brillante, altruista, centrada en beneficiar a todo el mundo. En lugar de sufrir por el daño que nos llega, podemos alimentar este pensamiento:

Qué feliz me siento de que haya sucedido esto. Cada onza de dolor que me produce es bienvenida, porque me permite reparar las cosas negativas que he hecho a otros, el daño que he causado a otros en el pasado. En el futuro, no tendré un comportamiento indebido con los otros ni abusaré despreocupadamente de ellos. Abandonaré los comportamientos dañinos.

La meditación del dar y tomar es una manera emancipadora de manejar el sufrimiento y dirigirlo en nuestro beneficio. Cuando, por ejemplo, se nos viene encima una enfermedad que parece haber llegado en el momento menos pensado, si podemos aceptar que llega a nosotros debido a nuestras anteriores acciones imprudentes, descuidadas o carentes de sensibilidad, podemos utilizarla como una práctica constructiva. Algunas enseñanzas mantienen que incluso los desastres naturales tienen como causa la ruptura de votos formulados en vidas anteriores: votos religiosos, votos seculares y todo tipo de votos. Puede que esto resulte difícil de aceptar, pero es bueno pensar en ello. Como mínimo, se puede considerar cuántos desastres naturales actuales son el resultado de que los seres humanos hayan roto el voto colectivo de respetar nuestra responsabilidad como custodios de la Tierra. Por eso, cuando asolan los tornados, lo que debes hacer no es agitar el puño contra Dios o la naturaleza, sino, más bien, convertir tu angustia en un voto personal: *En el futuro, renunciaré a todas las acciones negativas*.

Considerar los desastres naturales como consecuencia de nuestras acciones dañinas no significa, sin embargo, que debamos desentendernos de las personas que sufren por esos desastres. Debemos realizar todos los esfuerzos posibles para ayudarlos. La meditación del dar y tomar es simplemente una manera de convertir cualquier desastre que experimentemos en una magnífica oportunidad para la transformación interior.

BUSCAR EL BIEN

La amabilidad es una potente herramienta para la transformación, puesto que nos exige dar un paso al margen de nuestros condicionados patrones de respuesta. De ordinario, estamos tan preocupados por nosotros mismos y por defendernos de «lo otro» –en especial en estos tiempos de alertas naranja por el terrorismo– que nos sentimos continuamente amenazados y angustiados. Olvidamos cómo estamos conectados unos con otros, y la separación que percibimos alimenta nuestra antipatía y nuestros sentimientos de alienación. Esta perspectiva limitada nos mueve de maneras que son menos creativas, reduciendo las posibilidades de felicidad.

Cuando estuve por primera vez aprendiendo la meditación de la amabilidad amorosa en Birmania, uno de los ejercicios preliminares era buscar el bien de alguien, incluso de alguien que no te agradara. Al oír esas instrucciones, mi primer pensamiento fue: *¡Eso es estúpido! No voy a hacerlo. Eso es lo que hacen los estúpidos, que van por ahí buscando el bien de todo el mundo. ¡A mí ni siquiera me caen bien las personas así!*

No obstante, seguí las instrucciones de mi maestro y, como resultado, tuve una experiencia reveladora. Pensé en alguna persona cuya conducta me parecía generalmente irritante y detestable. Luego tuve el recuerdo de verla hacer algo hermoso por un amigo común. De inmediato pensé: *¡No quiero mirar eso! ¡Solo servirá para complicar las cosas!* Era mucho más fácil repasar sus faltas, mantener a esa persona encasillada como «enemiga» y con la etiqueta «esta no me gusta».

Nuestra postura por defecto parece ser la creencia de que las personas son entidades fijas en vez de seres siempre cambiantes con una enorme gama de comportamientos posibles. Ver a los otros en toda su complejidad requiere inteligencia emocional; representa un gran paso en el desarrollo psicológico. Nuestra primera lección sobre la complejidad emocional nos llega cuando somos niños. Al principio, vemos a nuestros padres como absolutamente buenos, y luego como absolutamente malos. Cuando maduramos, teóricamente, llegamos a la comprensión de que la verdad está en algún punto medio del trayecto: nuestros padres no son ni completamente buenos ni completamente malos, sino una mezcla de las dos cosas. A menos que podamos aceptar esta ambigüedad intrínseca, pasaremos por alto la complejidad de las otras personas, y no tendremos la capacidad de ser flexibles en nuestras actitudes hacia ellas. Aunque nos pueda parecer que no podemos encontrar algo bueno en alguien, podemos acordarnos de lo que tenemos en común. Todo ser humano es vulnerable al cambio, la pérdida y la inseguridad. Y todo ser humano desea ser feliz, independientemente de lo descaminados que puedan parecernos sus esfuerzos.

En el Corán, Dios dice a la humanidad: «Os hemos constituido (…) en naciones y tribus para que pudierais conoceros unos a otros».[15] Esta afirmación de la unidad de la humanidad, a pesar de las distinciones de naciones y tribus, expresa la idea de que esas distinciones deberían conducir a una mejor comprensión mutua, no a la enemistad. Así como no podríamos practicar la paciencia sin molestias, ni la compasión sin enemigos, tampoco podríamos acabar con la dualidad nosotros-frente-a-ellos sin diferencias importantes que superar.

El voto de altruismo

Puede que ahora estés ya convencido de que el obcecado interés por uno mismo es el enemigo secreto. Cuando no podemos poner fin a nuestra ira contra los otros, cuando todo lo que hacemos nos deja insatisfechos y frustra a otras personas, el culpable es el viejo hábito del interés por uno mismo y la persistente preocupación por nosotros mismos. Cuando fracasamos en nuestros objetivos, es siempre porque la rueda de filo de nuestro karma negativo regresa para golpearnos como un bumerán desde el pasado, dirigido por nuestra inmersión habitual e instintiva en el egoísmo estrecho.

Lo que ahora tenemos que hacer es ser impecablemente altruistas. La motivación es la clave. Necesitamos examinar y reconstruir constantemente nuestra motivación. Si hacemos grandes cosas, pero parece que nunca tienen éxito, tal vez se deba a que nuestra motivación era estrechamente egoísta. Si buscamos fama y beneficios solo para nosotros mismos, la obra más grande se irá al traste. Nos sentiremos insatisfechos y querremos más, y otros sentirán la falta de corazón en nuestros esfuerzos y perderán el interés. Pero cuando dejamos de centrarnos en nosotros mismos, incluso sin realizar grandes acciones, nos sentimos bien.

A partir de ahora, podemos hacer el voto de crear el espíritu de iluminación, la actitud altruista del *bodhisattva*. He aquí un ejercicio para ayudar a cultivar esa actitud, venciendo la obsesión de «yo, mí, mi, mío»:

Recuerda la época en la que estabas contento con lo que tenías, cuando veías el vaso medio lleno. No estabas centrado en tu visión estrecha y egoísta de *¿Qué tengo?, ¿cuánto es mío?* No pensabas en el «yo, mí, mi, mío». Por eso, cuando una hormiga se arrastraba por tu brazo, en lugar de aplastarla, te tomabas la molestia de ponerla a salvo en cualquier sitio, para salvar su vida.

Recuerda el tiempo en el que escuchabas con atención lo que decía un amigo nuevo. De hecho, al estar tu atención dirigida hacia fuera, hacia la otra persona, te despreocupabas temporalmente de ti.

Ahora, haz este voto: «Que todo lo que yo haga sea solo con una actitud altruista. Que nunca deje de interesarme por el mundo. Que me preocupe de si los demás son felices. Que sea altruista en las cosas pequeñas. Que me muestre preocupado por los otros en lugar de estar preocupado por mí».

Este es el cambio altruista radical. Es un paso crucial para derrotar al enemigo secreto. Cuando entendemos mal el altruismo, pensamos que si estamos preocupados por los otros nos destruiremos a nosotros mismos y sufriremos más. Pero la ironía es que cuando aceptamos las molestias de los otros, nos volvemos más felices y más fuertes, despreocupados por cualquier sufrimiento con el que nos podamos encontrar.

Las paradojas de la vida son siempre así. Cuando somos tacaños, nos sentimos siempre pobres, porque nunca podemos poseer bastante. Aunque tengamos miles de millones, si estamos centrados solo en cuánto más podemos conseguir y en la batalla con nuestros rivales para lograrlo, seguiremos sintiéndonos perpetuamente insatisfechos. Perdemos unos pocos millones y sentimos una angustia profunda, a pesar de los miles de millones que nos quedan, mientras que alguien que casi no tiene nada puede ser feliz con lo poco que tiene, si está preocupado por el bienestar de otro. La verdadera riqueza es la aceptación de lo que se tiene, y la felicidad es dejar de preocuparse por cómo estás y cuánto tienes.

Adoptar una perspectiva amplia

La mayor parte de los occidentales están siempre muy preocupados por los objetivos de esta vida porque, en general, no se cree que haya otra vida. Se piensa que esta vida es todo lo que hay, y por eso se está condicionado a conseguir todo lo que se pueda, y cuanto más pronto mejor. Aunque es posible que las personas que tienen esta actitud sean altruistas y ayuden a los otros, su motivación principal sigue siendo adquirir beneficios en esta vida.

Sin embargo, podemos ir más allá de este pensamiento y comprender que este mismo momento es infinito. En el momento presente están las cualidades de nuestras vidas pasadas y futuras. Esto nos recuerda el concepto de Nietzsche del «eterno retorno»: todo lo que hacemos, dijo el filósofo, deberíamos estar dispuestos a hacerlo de nuevo por toda la eternidad. Todo lo que hacemos reverbera por toda la eternidad, por eso nuestra preocupación última debería ser cómo vivimos ahora. Si suponemos que no habrá nada después de la muerte, ningún presente consciente en el futuro, perdemos el contacto con lo infinito de este momento. Si pensamos que este momento es todo lo que hay, no tenemos ningún poder para vencer nuestras reacciones automáticas ante las cosas, ningún poder para alzarnos por encima de la codicia y de la ira. Si creemos que nuestro comportamiento no tiene consecuencias a largo plazo, pensaremos: *¿Qué importa si hoy pierdo la calma? Estaré mejor mañana y solo me sentiré mal desde ahora hasta entonces.* Qué diferente sería nuestra respuesta si comprendiéramos realmente que la manera en que hoy nos comportamos es infinita en sus consecuencias. Es controlando la mente como alcanzamos el sentido verdadero de la infinitud del momento, la comprensión de que la libertad está precisamente aquí y ahora.

La razón de que la mente esté descontrolada es que estamos preocupados por los objetivos de esta vida. Nuestra arrogancia y nuestra ambición egoísta nos desequilibran. Tenemos que trabajar el desapego para vencer a nuestro enemigo de la preocupación por uno mismo, nuestro foco habitual del «yo, mí, mi, mío». Cuanto menos codiciosos seamos, menos necesitados estaremos. Cuanto más satisfechos con lo que tenemos lleguemos a estar, menos fácilmente nos embaucarán los otros. La credulidad se basa en la ambición egoísta.

Si nos parece que nunca nada sale bien, entonces todo lo que hagamos será insatisfactorio, independientemente de lo valioso que sea. Podemos ir en peregrinación a los lugares santos, pero entonces nos marearemos en las carreteras tortuosas, el coche se estropeará, discutiremos sin parar con nuestros compañeros de viaje, o nos quedaremos sin comida. No importa lo inspirador que pueda ser el viaje, no lo apreciamos, pensando que deberíamos ir más deprisa o más despacio, o estar en ese momento en algún otro lugar; pensando que debería haber más gente o menos gente, que el tiempo podría ser mejor, etc. Cuando no estamos contentos con nuestra situación presente, es porque fuimos desagradecidos en el pasado, ya haya sido en esta vida o en otra anterior. Proyectamos nuestro propio interés en los motivos de otros, y de esta manera no podemos confiar ni aceptar su amabilidad.

Cuando comprendemos que toda acción humana tiene consecuencias inmensas, nos hacemos superconscientes de lo que hacemos. Ser «superconsciente» significa conocer los detalles sutiles de nuestras acciones. La motivación egoísta más pequeña, el menor pensamiento egocéntrico o paso equivocado pueden tener un efecto negativo enorme. Ahí es donde entra el conocimiento de la realidad suprema. La idea de que la realidad suprema o el absoluto –nirvana o cielo– es un lugar por el que podemos flotar se basa en el engaño de un yo esencial, absoluto, fijo, separado del mundo. Incapaces de encontrar el nirvana en nosotros mismos, lo proyectamos al exterior, a algún espacio imaginario más allá del espacio. Pero así como no existe ningún yo separado dentro de nosotros, tampoco hay ningún nirvana o cielo ahí afuera, en algún lugar. El nirvana o cielo está aquí y ahora, en este mundo tal como es experimentado por un ser altruista, por un ser verdaderamente preocupado por el otro, expandido hasta el infinito. La iluminación no es sobrenatural: es simplemente la superconsciencia de los detalles minúsculos de la vida y de sus consecuencias infinitas.

Hacer salir al enemigo secreto

Ahora avanzamos hacia el cambio de vida, el discernimiento transformador que abre la puerta a la verdadera felicidad: la conciencia de que la fuente de todos nuestros problemas, directa o indirectamente, es el enemigo secreto, nuestra adicción al yo. Qué sorprendente es comprender que mi enemigo secreto es mi propio hábito del yo, mi propio esfuerzo, condenado al fracaso, de ser «el yo real». Este es el ladrón que me atacó y me robó en repetidas ocasiones; qué alivio haberlo identificado. Ahora puedo tratar de recuperar mi tesoro.

En este punto, nos sentimos triunfadores y encantados: *Ahora conozco al enemigo real. Veo que no hay ninguna mala persona ahí afuera, detrás de mí.* Esta es la clave. Cuando tu mente preocupada por sí misma dice: «Esta es realmente una buena idea. Sacarás algo grande de ello; ponlo en práctica», te está tomando el pelo, pero tú piensas que es tu propio impulso irresistible. Eres impotente frente a sus dictados, porque se presenta como tu propio pensamiento. Ahora bien, cuando reconoces a ese demonio, cuando ves con claridad que se trata del hábito mental y que ese hábito mental es el enemigo, entonces eres libre.

Una vez que hayas identificado al enemigo secreto, nunca volverás a dudar. Cansado de ser el blanco de la rueda de filo del karma negativo cortado en rodajas una y otra vez, puedes finalmente coger la rueda de filo de la sabiduría desinteresada y cortar tu fijación al yo. «Ven –dices–. Golpéame con todos mis hábitos negativos, miedo, ira, deseo egoísta. Porque ahora sé quién es el enemigo real. Cuando la rueda de filo de la evolución negativa llega a mí, puedo dejarla pasar a través del yo viviente, real, para que alcance su objetivo, mi demonio de la preocupación por mí mismo, aliado con el demonio del hábito del yo.» La fórmula suprema que completa tu libertad es el altruismo: amor y compasión, la preocupación pura por el otro. El altruismo es una adicción positiva, adicción a la felicidad y la libertad de los otros seres.

Hay cuatro fuerzas curativas que, juntas, se dice que son los colmillos poderosos que destrozan al enemigo secreto de la adicción al yo: la confesión, el arrepentimiento, la decisión de ser positivo y la conciencia intuitiva de la libertad. Estas fuerzas sanadoras no son solamente un truco; ofrecen un remedio que funciona. Primero, debemos confesar con sinceridad o reconocer las cosas negativas que hemos hecho, enfrentándonos a ellas. Después debemos estar realmente arrepentidos de lo que hemos hecho. Luego debemos formarnos una resolución auténtica de no hacerlo de nuevo. Por último, debemos ver que no hay ninguna buena razón para haberlo hecho y no existe ninguna excusa para repetirlo. Aquí es donde rompemos la cadena. El arrepentimiento solo no basta. En definitiva, tenemos que ver con claridad nuestras malas acciones. Cuando vemos verdaderamente que no hay nada concreto ni forzoso en nuestras transgresiones, podemos liberarnos de ellas y no tener que repetir esas cosas de nuevo. Hay un número infinito de transgresiones y una cantidad infinita de consecuencias negativas; por eso la libertad infinita es el objetivo final.

Liberarse de la adicción al yo es una victoria real. El cambio radical consiste en que nos enfrentamos a nosotros mismos, nos vemos claramente a nosotros mismos, y luego nos ignoramos y nos preocupamos por los otros. Desarrollamos una conciencia que está orientada-al-otro. Esta es la verdadera realidad de la iluminación, una realidad en verdad profunda. La preocupación-por-el-otro no llega como un destello cegador. Viene a nosotros suavemente, serenamente, gradualmente, cuando nuestra convicción del yo se desvanece de manera pausada en la calidez de la relación con los otros y con el mundo natural.

DEL MÍ AL NOSOTROS

El filósofo Martin Buber definió dos tipos de relaciones humanas, a las que denominó *yo-tú* y *yo-ello*. En las relaciones yo-tú, llegamos hasta el otro sin condiciones previas, contactando con él como individuos y formando un vínculo. En las relaciones yo-ello, por el contrario, nos tratamos uno a otro como objetos, como instrumentos, como un medio para nuestros propios fines. Cuando hablas con el dependiente que cobra a la salida de un supermercado, ¿hablas con una persona o con una caja registradora? ¿Recordarías siquiera el nombre que figura en su tarjeta de identificación, independientemente de lo que nos haya podido decir? Cuando estamos preocupados por nuestro yo, deshumanizamos a las personas con las que nos encontramos, a veces con consecuencias dolorosas. Aprender a prestar atención a los otros evita que esto ocurra. Como dijo el psicólogo Daniel Goleman, que popularizó el concepto de inteligencia emocional, «la empatía es el inhibidor principal de la crueldad humana».[16]

No hace mucho tuve una vívida experiencia de ello cuando una amiga y yo salimos a cenar. Mi amiga es una alcohólica en recuperación que aprecia su sobriedad. Cuando caminábamos por la calle, se nos acercó un hombre sin hogar a pedirnos dinero. Si yo hubiera estado sola, lamento admitir que probablemente habría dado al hombre un poco de dinero suelto y luego habría acelerado el paso sin ni siquiera mirarle a la cara. Pero mi amiga, que tiene gran empatía por el sufrimiento provocado por las adicciones, tuvo una respuesta muy distinta. No queriendo dar oportunidad al drogodependiente de que recayera en su hábito, le dijo: «En vez de dinero, me gustaría invitarte a una tienda de ultramarinos y tú mismo coges lo que quieras para comer». El hombre no podía estar más eufórico. Teniendo tan pocas posibilidades en su vida, saboreó la novedad de ser tratado con respeto, como persona que tiene sus propias necesidades y deseos. Me resultó muy instructivo contemplar esta relación.

Como ponía de manifiesto el comportamiento de mi amiga, empatía y compasión no significan necesariamente que demos a los demás, de manera automática, cualquier cosa que quieran, como tampoco la amabilidad amorosa significa ser sumiso y decir siempre que sí. (A veces la respuesta amorosa es «no».) Significa más bien que nos relacionamos con el otro como persona y no como símbolo, concepto, etiqueta, o adversario. Relacionarse de esta manera permite ofrecer respuestas apropiadas que surgen de la sabiduría. El hilo de la conexión está siempre ahí, basta con que lo tengamos en cuenta y lo advirtamos.

Continuamente estamos siendo perseguidos por el demonio cruel del hábito del yo, que no desaparece por el mero hecho de hacernos conscientes del problema. Por eso debemos invocar la fuerza compasiva de nuestra propia inteligencia liberada a fin de volver nuestra adicción al ego contra sí misma. Invocamos a

Mañjushrí, la encarnación de la sabiduría trascendente de la no-egoidad, en su forma más feroz, Yamantaka, el Exterminador de la muerte, a quien ya nos referíamos brevemente en el capítulo 1. Yamantaka destruye nuestro hábito mortífero de la obsesión del yo. Cuando vemos claramente el engaño de un yo sólido, alcanzamos a percibir la transparencia de todas las cosas, y nuestro egotismo intrínseco se abre a la dicha natural. Cuanto más comprendamos eso, más dichosos seremos.

Necesitamos la poderosa ayuda de la sabiduría para liberarnos de nuestro enemigo secreto, puesto que nuestra obsesión por el yo es nuestra carcelera. Encerrados en el hábito de nuestra identidad y dispuestos a defenderla contra el mundo, somos incapaces de experimentar la novedad y la frescura. Pero el carcelero está tan encerrado como el preso, encadenado a su puesto en el exterior de la celda para asegurar que el preso permanece en el interior. Por eso el hábito del yo es una tortura para todos. Es como el perro que gruñe y araña y se resiste terriblemente hasta que se logra extraer de sus fauces la púa del puercoespín que se había clavado, momento en el que salta, lleno de alegría, abrumándote a besos por haberle liberado del dolor.

Cuando recurrimos a la sabiduría para librarnos del enemigo –para librarnos del carcelero y salir de la prisión–, liberamos también al guardián de la prisión. Liberar el ego de un papel distorsionado y obsesivamente rígido lo deja en libertad para asumir una función verdaderamente relacional y amorosa. La sabiduría no destruye el yo, porque no hay ningún yo independiente que destruir.

El Buda no enseñó la no-egoidad de una manera dogmática. A veces hablaba de alguien que «tiene el yo bajo control», o «libera al yo del engaño». De vez en cuando decía: «No existe ningún yo», solo para provocar a los que le escuchaban y sacarlos de sus ilusiones, porque sabía que cuando oímos la palabra *yo*, pensamos ante todo en el yo ilusorio. Pero a lo largo de milenios, como las enseñanzas del Buda se han presentado fuera de contexto, se ha afirmado erróneamente que frases como *No existe ningún yo* y *Yo no existo* eran prueba del nihilismo del Buda. El Buda era muy consciente de que él estaba allí sentado, hablando, y de que la gente le vía y le oía hablar, y que sería una locura decir: «Yo no existo». Lo que quería decir era: «Yo no existo en la manera en que antes pensaba que existía». Igualmente, cuando decía: «No existe la mesa», quería decir que la mesa no existe como algo que tuviera una esencia fija e intrínseca. Pero, de manera evidente, la mesa es algo a lo que puedo dar una palmada con mi mano. Así pues, no debe pensarse que deshacerse del enemigo secreto de la preocupación por uno mismo significa que vayamos a destruirnos.

El yo que *sí* existe y que no puede ser en definitiva destruido es el yo relativo. Habitualmente, bajo la cruel dominación de la falsa idea de un yo absoluto, el yo relativo sufre, siempre incapaz de emparejarse con nuestra idea del yo absoluto. Ni rígido ni fijo, el yo relativo es flexible, vulnerable, siempre cambiante. Este yo relativo no es una cosa, una entidad separada, sino un proceso que incluye un cuerpo, una mente encarnada, a veces llamada «mente ordinaria», y un alma[17] o «mente sutil». El yo relativo es el yo vivo, el yo convencional que hace el desayuno a los hijos, va al trabajo y da un beso a sus seres queridos por la noche. Cuando nos liberamos del revestimiento engañoso del yo relativo, entonces se convierte finalmente en un yo búdico, perfecto incluso en sus imperfecciones.

Por eso no-egoidad no significa que el ego o yo relativo sea destruido. Tampoco pisoteamos el ego ni lo echamos fuera. El ego es solo el pronombre *yo*. Lo fortalecemos haciéndolo flexible como un instrumento para relacionarse con el mundo corriente. Liberarte de la idea de ser un yo fijo, absoluto, te permite convertirte en un yo relativo.

La conciencia clara del yo relativo, el yo convencional, es una de las claves para conseguir la liberación. El yo es solamente el yo en virtud de ser verbal y mentalmente designado como el yo. Los pronombres *yo* y *tú* crean el «yo» y el «tú».

Cuando te deshaces de la implicación de tu yo y te liberas para absorberte en tu trabajo, por ejemplo…, ¡caramba!, ¡no hay ningún yo! Los psicólogos usan los términos *fluir, flujo* para designar el estado de estar plenamente inmerso en una actividad sin consciencia del yo, observado en primer lugar por el investigador Mihaly Csikszentmihalyi. Por eso arriesgar el yo, olvidar el yo, liberarse de la preocupación por el yo, no es una idea tan extraordinaria. La vida cotidiana lo exige de nosotros para conseguir que las cosas se hagan. Un atleta que esté muy concentrado en lo que esté haciendo se ha deshecho, por el momento, del enemigo secreto de la obsesión por sí mismo. Para nosotros, la cuestión es aprender a vivir concentrados, incluso fuera del pabellón de deportes.

LA TIRANÍA DE LA SEPARACIÓN

Podemos perdernos en el pensamiento nosotros-frente-a-ellos que subyace en la fabricación de enemigos cuando caemos en el supuesto narcisista de que somos el centro del universo. Esta es la tiranía no-tan-sutil de la preocupación por uno mismo y la sensación de tener derecho a todo.

Cuando el huracán Irene barrió la Costa Este de los Estados Unidos en 2011, arrasando comunidades enteras y dejando a decenas de miles de personas sin energía y sin calefacción, dado que la ciudad de Nueva York no sufrió demasiado las consecuencias del huracán, muchas personas que vivían allí consideraron que las informaciones sobre la gravedad de la tormenta eran «exageraciones de los medios de comunicación». Pero los que vivían en alguna ciudad de la parte norte del estado de Nueva York o del estado de Vermont, que quedaron inundadas con casi dos metros de agua, constataron que no había ni un ápice de exageración sobre los efectos devastadores que el huracán había tenido en sus vidas. Si realmente pretendemos empatizar con los otros, tenemos que ser capaces de ampliar nuestra perspectiva cuando conntemplamos el mundo.

De manera similar, el movimiento de la justicia reparadora sostiene que cuando los agresores se ven confrontados con las consecuencias más graves de sus acciones, en vez de agarrarse a justificaciones hipotéticas –«nadie resultará herido», «pueden permitirse esas pérdidas», etc.– pueden experimentar una conmoción en su pensamiento defensivo. Por ejemplo, a un ladrón que ha robado en una gasolinera se le podría decir que el propietario estaba reajustando la plantilla para tratar de compensar sus pérdidas y el aumento de su prima del seguro, y que como consecuencia del robo ha tenido que despedir a uno de sus empleados, que se estaba esforzando por apoyar a su hermana. Sin su ayuda, ella no ha podido hacer frente a sus gastos, y el último mes, al no poder pagar el alquiler, la echaron del apartamento y terminó en la calle. Oír esto podría afectar al joven atracador al tomar conciencia de cuáles eran realmente las consecuencias de sus acciones. Esta es la esencia de la justicia reparadora en la práctica.

La justicia reparadora no es posible sin optar por la difícil senda de encontrar alternativas a la ira, el fariseísmo, el orgullo y la rígida necesidad de tener razón. Esta elección requiere también la disposición a estar abierto y presente con nuestra vulnerabilidad. La sabiduría popular tibetana dice que la ira es algo a lo que recurrimos cuando nos sentimos débiles porque pensamos que nos hará sentirnos fuertes. Para adoptar una armadura protectora de aparente fuerza, echamos mano de la hostilidad, la exclusión y la demonización.

Como el perdón y la reconciliación, la justicia reparadora requiere humildad y la disposición de la víctima y el agresor de echar abajo el muro divisorio entre nosotros y ellos. La ilusión de la separación solo se puede mantener mediante la negación: una vez somos lo bastante humildes para admitir que cada uno de nosotros contiene «las semillas de todos los crímenes posibles», como escribió un escritor cuáquero,[18] los motivos para sentirnos superiores a los otros y tener una actitud despectiva hacia ellos son eliminados. El fariseísmo erige un muro que la sinceridad y la visión clara siempre derribarán.

A menudo prestamos poca atención a cómo podrían repercutir nuestras acciones en el mundo, pero cuando se nos recuerda lo directamente que nuestra conducta impacta en los otros –en los que conocemos y en los que no conocemos–, nuestra actitud mental y nuestros sentimientos pueden cambiar. Un pensamiento como: *Realmente no importa lo que les suceda*, se transforma en: *Realmente es importante, porque ellos tienen las mismas necesidades y deseos que yo. ¿Me gustaría que alguien me quitara mi sustento o hiciera daño a mis seres queridos?* A la luz de la atención nuestro terreno común se amplía.

Buscar al enemigo secreto

Una vez que derrotamos al enemigo secreto de la preocupación por uno mismo asumiendo toda la responsabilidad por lo que nos sucede, tenemos que perseverar en ello momento a momento. La adicción al yo y la preocupación por uno mismo están tan firmemente atrincheradas que tenemos que tener siempre presente el peligro que suponen y dar los pasos para vencerlas. Para esto, podemos repetir una oración en el espíritu de *La rueda de filo de la reforma de la mente*, utilizada para invocar nuestra sabiduría más fiera:

¡Aplasta, aplasta mi preocupación por mí mismo!
¡Ama, ama sin cesar la preocupación por los otros!

Afirmamos esta idea y repetimos la oración una y otra vez, aplicándola a todas las situaciones, una por una.

Primero, recordamos cuántas vidas diferentes hemos estado sufriendo bajo el dominio de los enemigos secretos de la adicción al yo y la preocupación por uno mismo. En las cosmologías budistas, los tres estados –o estados mentales– más miserables son los reinos del infierno, el reino del fantasma hambriento y el reino animal. El que podemos imaginar más fácilmente es el estado animal. Visualízate como una gacela, con leones que te persiguen y te comen vivo, arrancándote grandes trozos de tu cadera o de tu muslo, o desgarrándote la garganta, sacudiéndote de un lado para otro como si fueras un trapo. Muy pronto, el sueño romántico de ser una gacela como Bambi se desvanece.

Cuando yo estaba meditando sobre la miseria de los estados miserables por vez primera, me quedé fijado en una imagen del *El desierto viviente* de Walt Disney, que refleja un largo proceso: la avispa es comida por la tarántula, que es comida por la serpiente, que a su vez es comida por el halcón; siempre hay alguien moviéndose por ahí y devorando a algún otro. Los tibetanos describen el estado animal como «uno que come a otro». Los animales superiores, más próximos a los seres humanos, tienen algo más de tranquilidad, pero, no obstante, deben estar en una vigilancia continua, de modo que la vida también es miserable para ellos.

Por debajo del reino animal está el reino del fantasma hambriento, donde los seres tienen estómagos gigantescos y gargantas tan estrechas como agujas. Pueden tragar los líquidos solo gota a gota o la comida en bocados minúsculos, así que constantemente el estómago les atormenta con el hambre y tienen la garganta abrasada por la sed. Es un estado de anhelo total y de hambre y sed insaciables.

Los reinos del infierno son aún más espantosos. Hay infiernos heladores, infiernos hirvientes, infiernos aplastantes e infiernos cortantes, y los seres del infierno están condenados a padecer para siempre los tormentos más insoportables. Sin embargo, a pesar de nuestras vívidas imágenes, no tememos suficientemente esos estados. Seguros de que nunca seremos sometidos a algo parecido a las torturas de los condenados, seguimos actuando de modos que nos procuran nuestros propios tipos de infierno. Pero contemplar un infierno dantesco puede ser algo muy positivo para nosotros. El terror puede ser una fuerza estimulante, que nos inspire a emprender una acción positiva para vencer los hábitos destructivos. En el caso del santo budista Milarepa, el terror que sintió al pensar en sus malas acciones fue fundamental para impulsarlo a la iluminación. Como el torrente de adrenalina que te espolea a saltar fuera de las vías de un tren que se te echa encima a toda velocidad, el terror puede ser una espuela poderosa y útil para la acción.

Cuando alcanzamos el discernimiento de nuestra adicción al yo, nos volvemos de manera natural más libres y capaces. La confianza y la satisfacción que proyectamos empieza a atraer la envidia y la adulación de los otros. Es crucial esgrimir la hoja de nuestra sabiduría contra el hábito de la preocupación por uno mismo, de manera que no sucumbamos a la arrogancia y las pretensiones de considerarnos espiritualmente expertos. Cuando te sientes tentado a pensar: *Estoy iluminado; soy especial porque he invocado la sabiduría crítica y he logrado el discernimiento de la vida infinita*, debes dedicarte a la reforma de la mente e invocar la energía de la preocupación por los otros, que es la raíz de la bondad. Esta es tu defensa contra el enemigo secreto del hábito del yo y su aliada, la preocupación por uno mismo. El «yo» de *yo soy especial* revela lo profundamente arraigado que este hábito se encuentra. Pero la sabiduría del desinterés, la intuición de la apertura de la libertad total como realidad de todas las cosas, nos lleva de nuevo a vivir en el mundo con una absoluta preocupación por la bondad.

Por eso, cuando empezamos a sentirnos envueltos por los laureles del discernimiento, con la máxima ambición pero con el mínimo esfuerzo, debemos invocar la sabiduría intuitiva. *Mi* preocupación por mí mismo, *mi* obsesión por mí mismo, *mi* hábito de mí mismo me hacen cada vez más débil. Tenemos que luchar a brazo partido con nuestra irracionalidad cuando estamos todavía bajo su dominio. No apreciamos suficientemente a nuestros amigos. Nuestra codicia por las cosas es inagotable. En nuestra frenética cultura comercial, somos azotados por el deseo: *No puedo vivir sin esto; tengo que tener aquello*. Pronto estamos intrigando para comprar el mundo. ¿Y el robo? Robar está en la mente de todos en todas partes, y no solo a gran escala. ¿Quién no ha tratado de hacer alguna pequeña trampa en su declaración del impuesto sobre la renta? Cuando estamos seducidos por el demonio de la preocupación por uno mismo, fantaseamos con que nos pueda tocar la lotería, en lugar de pensar cómo podríamos ganarnos el sustento de manera que fuera también útil al mundo.

Los seres humanos somos hábiles en practicar la seducción y astutos para conseguir lo que deseamos. Lo aprendemos en la infancia: cuando el padre o la madre tienen algo que queremos, podemos mostrarnos especialmente simpáticos. Desde pequeños, nos hacemos expertos en hacer insinuaciones sobre regalos, adulando para conseguir favores, y prodigando caricias para ser reconocidos. Por mucho que logremos, nunca tenemos suficiente, o tenemos demasiado de lo que no deseamos. Nos sentimos insatisfechos a perpetuidad. No podemos disfrutar de lo que tenemos o de las personas con las que estamos. Incluso los enamorados hacen sus cálculos, preguntándose si no habrán hecho una opción equivocada. Hacemos tan poco como nos es posible por los demás, y luego nos sentamos a protestar y a lamentarnos de su ingratitud y de lo poco que ellos hacen por nosotros. Así es como funciona nuestra mente. Incluso en el paraíso podríamos arreglárnoslas para seguir con estas muestras de mezquindad.

Debemos usar la rueda de filo de la reforma de la mente para hacer frente a estos hábitos personales. El «yo» que invoca la sabiduría encarnada como Yamantaka, la sabiduría Exterminadora de la muerte, es la persona sana, «real», que desafía el mal comportamiento del «yo» preocupado por sí mismo, el enemigo que habitualmente oprime al «yo» viviente que anhela la liberación. Ese «yo» irreal, ese falso concepto del «yo», nunca satisfecho, embaucador, es el enemigo secreto con el que continuamente debemos pelear con la hoja de filo de la sabiduría desinteresada.

Dharmarakshita tenía un alto nivel de iluminación, lo que le permitía ser extremadamente consciente de la persistencia de los patrones de los hábitos negativos a los que debía estar alerta como maestro y como ser humano. Aunque otros le vieran como un gurú, él quería, no obstante, ser un ejemplo de atención constante a la propensión instintiva de la mente individual al egotismo, la lujuria y el odio. De forma implacable, se decía a sí mismo:

A pesar de mis ideales, soy más tacaño que un perro con su hueso.
Aunque podría ser luminoso, la preocupación por los otros,
   base de toda virtud,
se aleja volando, empujada por el viento de la preocupación
   por mí mismo.
Así pues, Sabiduría exterminadora de la muerte, por favor,
¡aplasta mi cabeza letal de pensador egoico!
¡Acaba con mi enemigo secreto, mi corazón egoísta!

Como se supone que soy santo y puro,
se piensa que no amo esto ni detesto aquello.
Por eso, escondo mis amores y mis odios dentro de mí,

solo veo la codicia y el odio en los otros;
¡y los censuro injustamente, proyectando mis faltas sobre ellos!
No he aniquilado mi propia adicción al yo;
así pues, ¿cómo puedo reprocharles sus faltas?
Por eso, Sabiduría exterminadora de la muerte, te lo ruego,
¡aplasta mi cabeza letal de pensador egoico!
¡Acaba con mi enemigo secreto, mi corazón egoísta!

La atención plena nos procura la conciencia continua de los peligros que lleva consigo la preocupación por uno mismo y pone de manifiesto la necesidad de la sabiduría trascendente. Una vez que hemos afrontado las consecuencias evolutivas originadas por el demonio de la adicción al yo, abrazamos toda adversidad como expiación de las malas acciones cometidas con anterioridad bajo su influjo. Entonces nos sentimos motivados para cultivar la sabiduría que representa de forma eminente Yamantaka, el Exterminador de la muerte. Lo invocamos con total determinación para que venga a nosotros cuanto antes y nos libre del demonio de la preocupación por uno mismo. Le imploramos para que acabe con nuestro enemigo más íntimo y real, que nos subyuga enmascarándose como nuestro yo y hace constantemente imposible nuestra vida natural de felicidad y libertad.

Con tu gran compasión, sálvame de la evolución descendente,
de los actos estúpidos que impulsan la rueda del deseo.
¡Te suplico que triunfes sobre mi falso yo!

¡Somete a este yo negativo, este yo engañoso,
este yo que absolutiza el yo, este megalomaníaco yo!
¡Te imploro para que triunfes sobre él!

¡Clamo a ti, glorioso Yamantaka!
Toma todas las miserias de la vida,
no solo las mías, sino las de todos los seres,
amontónalas sobre mi adicción al yo.
¡Que mi obsesión por mí mismo sea sacrificada
para liberar el yo real, el yo desinteresado!
Mi preocupación por mí mismo, mi identidad egoica, me
*   destruye:*
te lo ruego, cárgala con los sufrimientos de todos los seres:
los pensamientos malos, las adicciones, los cinco venenos
—el engaño, la lujuria, el odio, el orgullo y la envidia—.
¡Te lo ruego, amontónalos sobre el demonio que pretende ser
*   mi yo!*

Aquí es donde la enseñanza se convierte en lo que podríamos llamar homeopática: usar el fuego para luchar contra el fuego, el veneno para luchar contra el veneno. Ahora puedo ver cómo todo mal procede de la obsesión por uno mismo. Puesto que todavía estoy escuchando mis palabras en mi mente, pido a Yamantaka que entre en mi inconsciente, en el ADN de mi estructura espiritual, con todas sus herramientas quirúrgicas, y destruya este habitual instinto del yo, esta voz de preocupación, obsesión y promoción de uno mismo que identifico como mía.

Ahora, cuando medito en la bondad de todos los seres, puedo ver que todos ellos tratan de ser amables conmigo, que no tienen ninguna intención de perjudicarme, que todo el daño que experimento está estimulado por mi hábito del yo. Tomo sobre mí todo lo que es no deseado por los otros. Ofrezco mis virtudes a todos los seres. Y ahora, como resultado de mi voto de invertir el yo estático, puedo utilizar todos los pecados, los sufrimientos, los venenos de los demás seres y, mediante la sabiduría, transmutarlos en la medicina de la iluminación. Cuando el demonio del egoísmo y el egotismo es aplastado por Yamantaka, logramos por fin la satisfactoria felicidad que siempre habíamos deseado.

Y, sin embargo, ¿no existe todavía algo que sigue rondando por debajo del demonio del instinto del yo y de la preocupación por uno mismo, una pequeña imperfección que desluce nuestro disfrute perfecto del nirvana aquí y ahora en medio de la vida ordinaria? En este punto, nos enfrentamos con un nivel incluso más profundo, más sutil, de la adicción al yo: el enemigo supersecreto.

La muerte, la gran despertadora

La muerte es, para la mayoría de los seres humanos, el mayor de los enemigos. Nada es más horrible para los miembros con carné de una sociedad materialista que la realidad de que el cuerpo físico está condenado a morir.

Vemos la muerte no solo como el enemigo del cuerpo, sino también como el agente aniquilador de significado. A diferencia de otros animales, los seres humanos tenemos la necesidad de que nuestras vidas signifiquen algo. Dado nuestro anhelo de significado, la muerte es el adversario que elimina cualquier esperanza de renombre en la hora undécima y reduce nuestras vidas a la nada.

El budismo no contempla la vida y la muerte de esta forma reductora. En lugar de entender la vida como una batalla perdida en la que el enemigo de la impermanencia siempre sale vencedor, la vida y la muerte se interpretan como procesos inseparables con una vinculación sagrada (piénsese en la unidad de los opuestos *yin* y *yang*). La promesa de la extinción puede enriquecer la vida, siempre que se lo permitamos, al hacernos profundizar en la gratitud por el gran valor del nacimiento humano y uniéndonos, por medio de la compasión, con el resto de nuestros hermanos mortales.

Muchas tradiciones espirituales asumen este punto de vista. La idea de que la muerte puede acentuar el sentido de la vida en lugar de aniquilar nuestra existencia puede convertir a este enemigo supremamente temido en un amigo íntimo, tan próximo a nosotros como nuestra propia sombra.

Como una metáfora de la condición humana, el sabio chino Chuang Tzu contó una historia acerca de un hombre que estaba tan disgustado con la visión de su sombra y el sonido de sus pasos que decidió deshacerse de ambos. El método ideado por aquel aprensivo individuo fue huir de su sombra, pero a cada paso que daba, la sombra lo acompañaba de forma natural sin la menor dificultad. El hombre llegó a la conclusión de que no estaba actuando con suficiente rapidez, por lo que intensificó su ritmo, moviéndose cada vez más deprisa sin detenerse nunca hasta que finalmente cayó muerto de agotamiento. Aquel pobre hombre no pudo comprender que si simplemente se hubiera colocado en un lugar en el que no diera el sol, su sombra se habría desvanecido al instante. Si se hubiera sentado y se hubiera quedado quieto, no habría tenido necesidad de dar un paso.

El mismo principio se puede aplicar a la aceptación de la muerte. Cuando entramos en la sabiduría de la impermanencia, el miedo disminuye de forma proporcional. Cuando nos sentamos y nos quedamos quietos, centrándonos en nosotros mismos mediante la práctica de la plena atención, las huellas de pánico comienzan a desvanecerse. Conscientes de la mortalidad, vivimos con mayor atención y gratitud; esta consciencia, a su vez, abre el camino en el corazón a la amabilidad amorosa. Cuando experimentamos plenamente los momentos de nuestra vida, desde su surgimiento y a lo largo de toda nuestra experiencia hasta la muerte, aprendemos a «morir» en cada momento a fin de ser puestos de nuevo en el mundo, para ser despertados. Lejos de ser nuestro enemigo, la muerte es el gran despertador. Y el tiempo para practicar la aceptación de la extinción es ahora, antes de que el desafío real de la muerte esté sobre nosotros.

Esta es una práctica difícil, porque la mayoría de los seres humanos tienen problemas para enfrentarse al hecho de que deben morir. La mente está bien defendida contra su propia extinción. Oponemos resistencia, también, a la realidad de la mortalidad de las personas a las que amamos. La historia clásica de Kisa Gotami ilustra esta resistencia y expresa hasta qué punto llevamos este rechazo. Kisa Gotami era la esposa de un hombre rico que perdió a su único hijo. Desesperada por el dolor, estaba sumida en el más profundo desconsuelo. Nadie podía ayudar a aquella madre que parecía haber perdido no solo a su amado hijo, sino también su razón para seguir viviendo. Su dolor era tan grande que muchos pensaron que había enloquecido cuando la vieron caminar errante con el cadáver de su hijo entre sus brazos. Finalmente, Kisa Gotami consultó al Buda: le pidió que devolviera la vida a su hijo. El Buda le respondió que para poder devolver la vida al niño ella tenía que conseguir un grano de mostaza de alguna casa en la que nadie hubiera muerto.

Kisa Gotami fue de casa en casa, pero, para su decepción, no pudo encontrar ni una sola en la que ningún miembro de la familia hubiese fallecido. Al final cayó en la cuenta de que no había casa que estuviera libre de la mortalidad, porque el hecho de morir está en la naturaleza misma de los seres humanos. Escarmentada, regresó al Buda, que la consoló y la instruyó acerca de la impermanencia. Por medio de esta enseñanza, se dice que Kisa Gotami despertó y entró en la primera etapa del magisterio espiritual. Y finalmente fue capaz de enterrar a su hijo.

Desde cierto punto de vista, esa puede parecer una manera cruel de enseñar una lección en extremo importante. Pero la iniciación del Buda mostró a Kisa Gotami que no estaba sola y esta verdad la iluminó. Comprendió que ella era todavía una parte de la vida. Su hijo había muerto, pero la vida continuaba, y parte de esa continuidad consiste en sentir compasión por otras personas que habían sufrido sus propias pérdidas igualmente dolorosas.

Nos renovamos a nosotros mismos renovando el mundo y trabajando por aliviar el sufrimiento de otras personas que se enfrentan a la enfermedad, la vejez y la muerte. Aprender a reorientar nuestra indignación ante la muerte convirtiéndola en acción compasiva no es una práctica fácil. Vista desde una cierta perspectiva, la vida es completamente injusta: qué indignante que precisamente cuando estamos aprendiendo a manejarnos con la vida tengamos que morir. Un alcohólico que se estaba recuperando me dijo una vez: «Maldita sea. Gasté todo este tiempo y esta energía en estar sobrio y sentirme bien psicológicamente, y entonces me llegó el diagnóstico».

Sí, es injusto que tengamos que morir. Pero es un hecho. Y lo que hagamos con nuestro grito de indignación es el aspecto más importante. Mi difunto amigo, el escritor Rick Fields, vertía un poco de su indignación en la elaboración de sus poemas, entre ellos uno titulado «Vete a la mierda, cáncer».[19] Rick tenía un cáncer recurrente de pulmón con metástasis con el que luchaba desde hacía muchos años, utilizando tanto medicación tradicional como alternativa. Nunca trató de fingir que estaba menos enojado de lo que lo estaba en realidad, lo que le dotó al final de una sorprendente gracia. Rick decía que no tenía intención de hacer un enemigo de su propia muerte. Lo que quería decir es que la muerte es a menudo contemplada en esta cultura como una especie de traición, algo que no debería suceder nunca. Este rechazo está ligado a la idea de que debemos tener todo bajo control; y la muerte es un recordatorio de que nuestro cuerpo de alguna manera elude nuestro control, lo que nos lleva a la conclusión de que algo ajeno, algo equivocado, está ocurriendo. Rick hizo cuanto pudo por mantenerse en pie hasta la muerte, pero nunca cayó en la trampa del odio o de pensar que algo equivocado estaba sucediendo en su cuerpo moribundo.

Llevamos la agresión al más inverosímil de los terrenos. Hace aproximadamente treinta años, cuando las visualizaciones se hicieron populares como un elemento integrante de los tratamientos convencionales contra el cáncer, se alentaba a los pacientes a que visualizaran sus células cancerígenas como invasores alienígenas y su sistema inmune como un caballero con armadura matando células. Cuando los videojuegos llegaron a ser omnipresentes, el caballero fue reemplazado por una figura tipo Pac-Man que engullía con avidez células enemigas. Esa imagen funcionaba bien para algunas personas, pero otras venían a mí y me decían: «Yo no puedo hacer eso. Necesito un método menos combativo». No se sentían a gusto visualizando sus cuerpos enfermos como campos de batalla. Por el contrario, preferían utilizar imágenes de integración. En lugar de ver el cáncer como enemigo, lo veían como una célula haciendo un esfuerzo por vivir, pero de una manera que era desmedida, demasiado rápida, demasiado invasiva. Para poder sanar, esas personas necesitaban integrar el conjunto de la experiencia –la confusión, la ira, el miedo y los tiempos de alegría y ecuanimidad también– para poder tener una relación más apacible con su vida que la de imaginarse a sí mismas en un videojuego.

Necesitaban mantener la perspectiva de que su fuerza vital se expresaba a través del cáncer, y de que el cáncer era una expresión de su fuerza vital. De este modo, podían ver el cáncer no como un enemigo extraño, sino como una parte, terriblemente equivocada y fuera de control, de sí mismos. Este planteamiento no era debilitante o contraproducente, una excusa para la pasividad o el abandono, sino una manera por completo distinta de relacionarse con la enfermedad que era más potenciadora, de hecho, que cualquier otra cosa en el modelo del guerrero. Estamos tan condicionados a pensar en la fuerza como algo intrínsecamente agresivo que se necesita un cambio completo y radical para comprender la fuerza del amor, la bondad y la compasión.

No es fácil mantenerse en equilibrio en el borde afilado entre la ira y la gracia. Es, sin embargo, el camino a la libertad. Arrancando el control de nuestras manos, la muerte se convierte en nuestro gran liberador. Recientemente, estuve un par de semanas con una amiga antes de que muriera. Estaba en casa, y su cama de enferma se había colocado en el comedor. La puerta del jardín estaba abierta, y dejaba entrar una brisa suave y el canto de los pájaros mientras su vida se escapaba. Estaba como flotando dentro y fuera de la conciencia y, después de un período de silencio, se volvió hacia mí un poco angustiada y me dijo:

–Tengo que sacar todas mis cosas a la calle.

–¿Qué quieres decir? –le pregunté.

–¡Es complicado! –me respondió.

Yo no sabía de qué estaba hablando y no comprendía qué quería decir. Le dije lo mucho que la gente la amaba, y cuánto yo misma la amaba. Pasada una hora, por fin me vino a la mente lo que probablemente había querido expresar con «sacar las cosas a la calle».

–¿Recuerdas que me has dicho que tenías que sacar todas tus cosas a la calle, y que era complicado? –le dije–. En realidad, no tienes que sacar tus cosas. Puedes salir a la calle sin ellas. Todo irá bien.

–¿Seguro? –preguntó.

–Seguro –respondí.

Nuestra tendencia a aferrarnos a las cosas de este mundo nos empuja a arrastrar nuestras cosas –posesiones físicas, bagaje emocional, viejos prejuicios y reacciones habituales– en cada transición. Es difícil soltar, y mucho más desprendernos absolutamente de todo cuando cruzamos la calle de la mortalidad. No es de extrañar que pensemos en la muerte como un enemigo. El desapego o capacidad de separarse es un proceso complicado. Puede fácilmente transformarse en apatía, desinterés, depresión o renuncia y rechazo a sentir. Pero el desapego no es solo negarse a sentir, no preocuparse o alejarse de los seres queridos. No es desconectarse de la propia experiencia, de todo lo que es. El desapego es profundamente honesto, y está basado firmemente en la verdad de lo que es. En el momento en que llegamos a este punto, estamos más allá de la necesidad o deseo de un programa concreto, no tenemos tiempo ni interés en manipular.

El desapego, como la renuncia, es una forma de honestidad. Si has estado alguna vez acompañando a un moribundo, ya sabrás que a menudo muestran una especie de brillantez, claridad, sabiduría y libertad que casi nunca se ve en nadie más. Conocer en el final de su vida a personas que han tenido una práctica espiritual intensa puede ser una importante fuente de inspiración. Francisco Varela, un científico chileno que fue uno de los fundadores del Instituto Mente y Vida, íntimo amigo del Dalái Lama, así lo puso de manifiesto con una gran belleza. En un documental maravilloso titulado *Monte Grande*, Varela, un hombre cuya vida se había dedicado a integrar la ciencia del cerebro con la práctica espiritual, hablaba del poder liberador de la muerte. Estaba muy gravemente enfermo, a las puertas de la muerte, cuando fue filmado, y parecía como si estuviera hecho de luz.

«Es una reflexión diaria –dijo Francisco del proceso de la muerte, después de vivir muchos años con cáncer–. Dejar ir en cada momento, dejar ir la distracción, dejar salir el aire para poder inspirar de nuevo. Todo esto es como un eco del gran dejar ir. Cuando dejamos ir todas las cosas, es casi como una visión. No es solo dejar caer algo. Es visión, y generosidad. En la muerte, practicamos una especie de generosidad y de renuncia. No agarrar. Eso es el proceso de dejar ir.»

Ver que las condiciones cambian constantemente y que todo lo que nace en la naturaleza debe morir nos conduce al momento presente. Esto significa no ser complaciente en modo alguno en cuanto al mañana. Darse cuenta de que nuestros días están contados y de que realmente están pasando con una gran rapidez genera un sentido de urgencia espiritual. Esto evoca no nuestros viejos enemigos de miedo y pánico, sino una intensidad de propósito. Cuando realmente nos acercamos a ese reconocimiento, tenemos que entenderlo como una gran oportunidad, no como un obstáculo o una barrera. Esto nos permite entregarnos con más intensidad, y de forma más completa, a nuestra vida cotidiana y a nuestra práctica espiritual.

Antes de hacer una elección o tomar una decisión, Milarepa, el gran yogui del Tíbet, solía formularse esta pregunta: «¿Qué haría yo si este fuera mi último día?». Es una acción sorprendente, que brilla como un rayo láser sobre nuestra vida y elimina cualquier pretensión. Pruébalo. Experimenté la práctica de Milarepa cuando vivía en la India. Durante un mes, más o menos, me decidí a hacerme la pregunta con frecuencia. Quedé sorprendida al descubrir sus resultados. Tomar decisiones desde esta perspectiva crea intrepidez hacia cualquier cosa a la que podamos enfrentarnos, dotándonos de fuerza para perseverar incluso en medio de un gran dolor emocional y físico. Al penetrar así profundamente en nuestra experiencia, ya no diferimos, desviamos ni abandonamos. Las prioridades se establecen con más facilidad.

Una de mis discípulas, Elesa Commerse, una maestra de meditación y sobreviviente de cáncer a largo plazo, describe cómo funcionó este proceso en su caso:

El verdadero punto crítico en la forma en que percibía mi proceso vital llegó cuando mi entonces maestra de meditación Shámbhala, Vivian Sovinsky, me dijo que considerara la mastectomía a que tenía previsto someterme como «práctica». Ni más ni menos. «Práctica.» Era, me dijo, «práctica en morir». Afirmó que yo era afortunada al tener esta oportunidad de practicar con la muerte definitiva. Ya sabes, el día del *big bang* del que nadie habla. El final de la vida . No respirar más. Mortaja blanca sobre la cara. Canto del cisne. Tus seres queridos van a casa llorando, o aturdidos, o, ¡ay!, muy dispuestos a leer tu testamento. Y tú en la bolsa de vinilo azul con cremallera. En el ataúd o en la pira de cremación. *Kaput.* Finito. No más tú. Y punto final. Eso es todo. *Bye-bye.*

El hecho de que Vivian no estuviera bromeando me pilló con la guardia baja. Después de tres lumpectomías sin éxito, allí estaba aquella alma dulce y encantadora, hablando conmigo desde el corazón sobre la afortunada oportunidad de perder una querida parte de mi cuerpo a fin de practicar la muerte. ¿Estaba loca? Pero, sin embargo, de alguna manera funcionó. Desde aquel momento, vi mi mamá como un hermoso sacrificio que me podía instruir y ayudar a prepararme para el momento en que, como dijo Vivian Sovinsky, tuviera que «ofrecerlo todo».

No sabemos con exactitud cómo o cuándo moriremos, pero sabemos con certeza que nos llegará el momento de morir. Realmente no tiene sentido, entonces, hacer de la muerte nuestro enemigo. Solo estaríamos librando una batalla perdida de antemano con lo inevitable, desviando una valiosa energía de las oportunidades que nos esperan en cada momento del tiempo que nos queda.

4. La victoria sobre el enemigo supersecreto

Con la derrota de los enemigos exterior, interior y secreto, la alegría y la felicidad brotan de nuestro interior. Somos entonces capaces de ver el significado y el propósito real de la vida. Tenemos fe en la bondad natural del universo. Nos identificamos ahora con todos los seres, no hay separación entre nosotros; no hay yo y el otro, no hay nosotros frente a ellos. Podemos seguir adelante con plena confianza en nuestro potencial para despertar por completo.

Pero, a pesar de todo, aún queda una sombra nublando nuestra felicidad: una disparidad entre nuestra visión contemplativa del océano de libertad y nuestra experiencia cotidiana de las tormentas y conflictos aparentemente interminables de la vida ordinaria. Nos tenemos que enfrentar ahora al enemigo supersecreto. ¿Cómo podemos culminar nuestra victoria sobre él? ¿O existirá siempre esa discrepancia entre lo interior y lo exterior, entre lo que imaginamos y lo que podemos lograr?

Cuando buscamos el origen de ese enemigo supersecreto, lo encontramos muy profundo en el interior. Cualquiera que sea la alegría y la felicidad que estamos viviendo, una preocupación subyacente sigue existiendo: nos vemos a nosotros mismos tan indignos que no podríamos ser capaces de experimentar la absoluta magnificencia de la realidad profunda. Pero ¿quién nos dice que no merecemos la verdadera plenitud, la dicha extática, el amor a todo, y el amor de todo? ¿Por qué, en el fondo, esperamos tan poco de la vida? El enemigo supersecreto es nuestra persistente carencia de autoestima.

Ese sentimiento de indignidad, de desprecio y odio hacia uno mismo, esa negación de sí, se basa en un complejo de inferioridad profundamente arraigado, introducido en nosotros desde la infancia por una cultura aquejada de miedo e ignorancia. Ese complejo de inferioridad mutila la imaginación, limita nuestro entusiasmo y nos encierra en la tristeza y la desesperanza. La victoria sobre el enemigo supersecreto, nuestra cuarta y definitiva victoria, se obtiene mediante la recuperación de las poderosas energías antes controladas por la ira y el odio: la energía del fuego y la iluminación que disipa todas las sombras y la energía del agua y la fluidez previamente vinculadas con el deseo, el apego y la codicia, que deben ser ahora renovadas con sabiduría.

Este es el territorio del Tantra budista, conocido como el vehículo de diamante (*Vajrayana*). Celosamente guardado como un dominio esotérico en las enseñanzas budistas tradicionales, el Tantra se ha mantenido en secreto porque la victoria sobre el enemigo supersecreto debe ser construida sobre las tres victorias anteriores. Según mi maestro Tara Tulku Rinpoche, la sabiduría se utiliza en principio para destruir el mundo del sufrimiento egocéntrico, y luego, una vez que el mundo ha sido destruido y hemos descubierto la clara luz de la libertad y el vacío, con su energía en reposo pero infinita, la sabiduría puede ser reorganizada como Tantra –literalmente el continuo infinito de vida, sabiduría y amor– para reconstruir el mundo de amor y compasión en el que es posible ayudar a los otros a encontrar la libertad y la dicha.

Cuando estamos seguros de nuestra capacidad de utilizar la paciencia para superar la ira y el odio, ya no necesitamos recurrir al dolor y el sufrimiento como oportunidad para desarrollar más la paciencia. Y cuando superamos nuestro hábito del yo, desprendiéndonos de la sensación de un yo separado y fijo, podemos descansar en la conciencia de que no hay diferencia entre el enemigo –el que hace el daño–, el daño y el que es dañado. Una vez que la ira es derrotada por la tolerancia, la comprensión y el perdón, su fuego virulento es susceptible de ser utilizado de forma creativa por la sabiduría. La fuerza que era tan destructiva se transforma en energía heroica.

EL ODIO A UNO MISMO

Una tarde en Dharamsala, India, en la residencia en el exilio del Dalái Lama, yo estaba en una reunión con él junto con un grupo de científicos y filósofos. El tema que se estaba tratando era la sanación de las emociones. Esto resultó interesante desde su mismo planteamiento, ya que, al parecer, no hay una palabra en tibetano para designar las emociones. En su tradición, tenemos estados mentales y similares, pero nada que pueda ser designado como «emociones».

En un momento dado, le pregunté al Dalái Lama: «Su Santidad, ¿qué piensa usted acerca del odio a uno mismo?». Él se mostró confundido. «¿Qué quieres decir?», me dijo. Procedí a explicar lo que entendía por «odio a uno mismo», que tan presente está en la cultura norteamericana, es decir, la sensación de que se es indigno, de que se es una persona que no merece amor, un pecador, una criatura neurótica y mediocre. Su Santidad seguía mostrándose perplejo. *¿Cómo puede uno odiarse a sí mismo cuando todos nacemos con naturaleza búdica?, preguntó. ¿Podría ser el odio a sí mismo algún tipo de trastorno nervioso? ¿Era peligroso? ¿Podía hacer violenta a una persona?*

Su confusión ponía de manifiesto una brecha cultural que encontré fascinante. Sin idealizar la cultura asiática, se puede observar que los orientales rara vez son agobiados por la común creencia occidental de que, en el fondo, todos somos intrínseca y absolutamente imperfectos. Para los budistas, hay un refugio que se puede encontrar en la fe fundamental en la bondad esencial de los seres humanos, lo que genera una sensación de posibilidad y potencialidad.

En nuestra cultura, que enfatiza el individualismo, la ambición, la competencia, el perfeccionismo y la fuerza, muchos de nosotros nos convertimos en nuestros peores críticos. Sin una sensación de nuestra natural bondad, nos percibimos como almas necesitadas de salvación y como consumidores que precisan sin cesar de novedades a fin de sentirnos dignos, completos y suficientes. En una sociedad competitiva, de deseos inducidos, como la nuestra, con frecuencia se piensa que una vida satisfactoria está necesariamente definida por la lucha para conseguir lo que no tenemos y llegar a ser *más*. Al vernos como seres defectuosos, incompletos y responsables de imperfección, ponemos toda nuestra vida en una lucha desesperada por superar el mito de *lo no suficientemente bueno*. El mito definitorio de nuestra cultura tiene una cualidad sisífica: estamos subiendo continuamente la roca montaña arriba para hacerla bajar de nuevo cuando hemos llegado a la cumbre. La felicidad siempre se nos escapa. La insuficiencia crónica es el enemigo supersecreto en la tierra de las criaturas fallidas, conscientes de sí mismas, que anhelan ser mejores.

Aunque las actitudes culturales y la discriminación desempeñan un gran papel en la creación del odio a uno mismo, las cosas pueden cambiar, y cambian. Basta con preguntarle a Khris Brown, que contribuyó al libro *It Gets Better*, un proyecto diseñado para ofrecer esperanza a lesbianas, gays, bisexuales y transexuales, que están siendo intimidados. Aunque Brown fue acosada de forma inmisericorde en la escuela secundaria, ahora dice: «Creo que ser "lo otro" –incluyendo ser bisexual, gay, transexual, o lo que sea– es increíblemente valioso. Te proporciona una perspectiva única sobre cómo superar las cosas horribles que las personas se hacen unas a otras en nombre del miedo, en nombre de lo que piensan que es la verdad religiosa. Pasar por todo eso y sobrevivir –sin ningún resentimiento hacia esas personas, con amor y perdón en el corazón, y con aceptación de ti misma– es el camino para ayudar a curar al mundo».

En este punto, nuestra decisión de cómo interactuar con aquellos que están sufriendo ya no está condicionada por nuestra necesidad de extraer el material para nuestro propio desarrollo de esa situación. No hay implicado un interés adicional, porque ahora somos seres colmados, preocupados por el otro, extáticos, dichosos, perfectamente satisfechos. Encarnamos el desinterés con compasión, consiguiendo hacer desaparecer la agonía y el dolor de los demás, y transformándolo en dicha.

Volvemos nuestra atención de nuevo a Shantideva, siguiendo su vía de pensamiento hacia la victoria sobre el enemigo supersecreto. Para deshacernos del odio y el desprecio a nosotros mismos, debemos imaginar que podemos llegar a ser plenamente conscientes de nuestra realidad más profunda, de la vacuidad libre y su infinita energía, la matriz real de la vida y la muerte, y convertirnos en fuente de esa energía iluminadora.

Dirijamos ahora nuestra atención a la compasión universal. Comenzamos por contemplar la completa igualdad que existe entre todos los seres humanos: nosotros queremos placer y no queremos dolor; a los demás les sucede igual. Buscamos la libertad y la felicidad; los otros buscan lo mismo. Somos todos iguales en cuanto a lo que queremos, en cuanto a dónde queremos estar y dónde queremos llegar. Físicamente, nos diferenciamos unos de otros, pero coincidimos en el deseo de no sufrir ningún daño, en no querer sentir dolor. Así que, de manera natural, deberíamos aspirar a proteger a los otros tanto como a nosotros mismos.

«Pero espera un momento –podríais decirme–. Los brazos y las piernas de las otras personas están conectados a *sus* cuerpos, no al mío, y viceversa, por lo que, *literalmente*, yo no siento su dolor, ni ellos el mío. ¿Por qué debería aspirar a protegerlos a ellos tanto como a mí mismo?»

La respuesta inmediata es que el sentimiento de identidad no sigue esa mecánica. Solo siento mi propio dolor porque estoy programado para identificarlo como mío. Podría ser hipnotizado para ignorar una quemadura; podría estar dormido cuando un mosquito me pica; podría intentar marcar un gol cuando alguien me da una patada; y en todos esos casos, no me identificaría con el dolor en ese momento. Así que incluso en el hecho de sentir mi propio dolor hay un elemento aprendido. De manera análoga, también puedo aprender a sentir el dolor de los demás y a empatizar verdaderamente con ellos. Y cuando empatizo con ellos, siento su dolor en lo más hondo, y mi compasión me lleva a intentar preservarlos de la experiencia de cualquier dolor.

Puesto que todos por igual deseamos el placer y odiamos el dolor, ¿por qué debería favorecerme a mí mismo sobre los demás? ¿Qué hay de especial en mí para que yo sea el único que deba ser feliz? ¿Qué hay de especial en mí para que deba protegerme del dolor, pero desprecie el de otras personas? Si me protejo del dolor que deduzco que puedo sentir en el futuro, ¿por qué no proteger también a los demás del dolor que puedan sentir más adelante? Si me imagino solo mi propio dolor, es de nuevo el hábito del yo lo que está actuando, apuntalando la preocupación por mí mismo que me separa de la compasión. Tengo que liberarme de los conceptos que me impiden sentir y reaccionar de forma natural ante cualquier dolor, quienquiera que sea quien lo esté experimentando.

Se nos puede perdonar el pensar que, si sentimos el dolor de los otros, eso incrementará nuestro sufrimiento. Pero este es un punto dudoso. Pues cuando tenemos clara nuestra relación recíproca con todos los seres, vemos que ya estamos sufriendo el dolor de los demás, a menudo subliminalmente, como sentimientos de ansiedad, temor, culpa o preocupación por no cumplir con nuestra responsabilidad hacia ellos. La compasión reconoce nuestra vinculación, nuestra conciencia de que es inútil negar la relación mutua. Es nuestro valeroso compromiso de participación con la ola de inmenso sufrimiento experimentada por otros seres. La compasión nos da energía para soportar todos los sufrimientos y hacer lo que podamos por aminorarlos en la medida de lo posible. Nos permite inclinarnos hacia el dolor, en lugar de huir de él. Sabemos que somos capaces de sufrir dolor de forma voluntaria a fin de obtener algo más importante, si ese algo es fuerza, resistencia o placer. Así pues, si de forma voluntaria compartimos el dolor de los demás para unirnos más estrechamente con ellos o por el placer de ver su alivio, ¿qué más podríamos desear? La compasión, el deseo de liberar a los otros del sufrimiento, es lo que nos libera del sufrimiento. La primera persona a la que el ser compasivo libera del sufrimiento es a sí mismo.

AUTOESTIMA FRENTE A AUTOCOMPASIÓN

Los psicólogos establecen una distinción entre autoestima y autocompasión. Señalan que la autoestima se basa en la impresión de tener éxito, medida según criterios objetivos (¿soy lo bastante bueno?, ¿lo bastante inteligente?, ¿lo bastante rico?), mientras que la autocompasión es una apertura incondicional del corazón que se mantiene tanto en las épocas buenas como en las malas. La autoestima implica competitividad y fácilmente nos abandona cuando las cosas van mal.

Según la psicóloga Kristin Neff, la autocompasión tiene tres componentes principales. El primero es la *amabilidad con uno mismo*, que implica no ser rigurosos con nosotros mismos cuando nos quedamos cortos en nuestras expectativas. En lugar de censurarnos, reconocemos que la imperfección, el fracaso y las dificultades son inevitables en la vida. Las personas autocompasivas comprenden que la amabilidad es más útil que la ira cuando no podemos alcanzar nuestros objetivos.

El segundo componente de la autocompasión es la conciencia de nuestra *humanidad común*. El sufrimiento por la acción de nuestros enemigos interiores proviene en gran medida de una profunda sensación de aislamiento. Nos imaginamos que somos los únicos decepcionados o los únicos que cometemos errores. Pero la autocompasión nos exige el reconocimiento de que la imperfección es una condición que compartimos con todos los seres humanos, aunque esté influida por factores externos como los genes, el ambiente y los padres. Reconocer nuestra relación recíproca nos permite ser menos críticos en nuestros fracasos.

El tercer aspecto de la autocompasión es la atención plena. Cuando somos conscientes de nuestras emociones negativas, podemos recuperar el equilibrio si vemos nuestras experiencias en el contexto más amplio de todos los esfuerzos humanos. Atención plena implica una voluntad de observar los sentimientos y pensamientos a medida que aparecen sin tratar de cambiarlos, negarlos o ignorarlos. Como Neff explica en su página web: «No podemos ignorar nuestro dolor y sentir compasión por ese dolor al mismo tiempo».

La autocompasión nos enseña que cuando cometemos errores tenemos la posibilidad de elegir después la manera de reaccionar con respecto a nosotros mismos. Podemos acumular juicios y culpas sobre nosotros, identificándonos por completo con el error («¡Eres un estúpido que no deja de hacer estupideces!»). Pero también podemos utilizar el sufrimiento como punzante recordatorio de la fragilidad humana («Pensé que eso me aportaría lo que quería, pero me equivoqué. Estaba en una situación en la que sabía mucho menos de lo que ahora sé. ¿Qué hay de deplorable en eso?»). La diferencia es clara. El juicio es monolítico y tiene una visión de corto alcance. La compasión es compleja con amplias perspectivas, una parte evolutiva de un sistema vivo. Se acomoda a la realidad de lo que hacemos con nuestra limitada información y con nuestra imperfección personal en prácticamente cada momento del día.

Hombres y mujeres a los que consideramos héroes, que han pasado por grandes sufrimientos, angustias o peligros con el fin de salvar a los demás, a menudo describen el éxtasis que sienten al haber rescatado a alguien. Ese tipo de acción preocupada-por-los-otros va más allá del miedo. Por supuesto, puede que no seamos capaces de ser tan abnegados de buenas a primeras. Y podemos ahogarnos tratando de salvar a alguien si no tenemos suficiente destreza como socorristas. Lo más sabio es embarcarse en la acción desinteresada poco a poco. Pero si podemos llegar al punto en que nada nos estremezca, listos para afrontar cualquier peligro y lanzarnos a ello con un abandono plenamente heroico, sin duda sentiremos un gran alivio incluso en situaciones menos dramáticas. Nuestro destino, el gran océano de la dicha y la iluminación, siempre nos está llamando. Y solo podemos disfrutar de la libertad real cuando la compartimos con los demás. ¿Qué libertad puede haber si nos apartamos de nuestros semejantes? Eso sería equivalente a estar encerrados en un confinamiento en soledad.

La compasión es ante todo realista. El altruismo no es un ideal imposible. Es el resultado de asumir íntegramente la verdad de nuestra relación mutua. Por eso mismo, abre y amplía nuestro planteamiento de la vida haciéndonos ver que el dolor de los demás es tan importante como el nuestro. Se podría incluso argumentar que, puesto que los otros son muchos y yo uno solo, ellos son incluso mucho más importantes que yo.

¿Por qué no debería identificarme con el cuerpo, la vida y la mente de los demás como si fueran míos? Eso es exactamente lo que tenemos que hacer con el fin de desarrollar una actitud más compasiva. Es fácil ver lo dañino que es estar sumido en el hábito del egoísmo. Centrado en mí mismo, echo muchas cosas de menos: no logro captar lo que los otros quieren o sienten; me siento solo y despreciado. Cuando estoy encerrado en mi propia burbuja de preocupación por mí mismo, es muy poco lo que de positivo me puede suceder. Pero si me sitúo en una perspectiva más cósmica y tomo conciencia de mis limitaciones, puedo ver que sus causas radican en mis acciones, no únicamente en mis genes, y me doy cuenta de que mi hábito de preocupación por mí mismo siempre me ha estado generando sufrimiento. Cuando reconozco eso en profundidad, el mundo se abre.

Y qué mundo más diferente aparece cuando, poco a poco, me centro en los demás, en sus deseos y necesidades. Veo cuán enajenados y desesperanzados se sienten muchos de mis semejantes, y me comprometo a echarles una mano para hacer estallar la burbuja de su preocupación por sí mismos, para que puedan sentir la unión conmigo.

Cuando los otros perciben mi atención, mi preocupación por ellos, pueden reaccionar de formas muy diversas. Algunos se sienten gratamente sorprendidos, otros se asustan, otros se muestran suspicaces, algunos se quedan atentamente receptivos. A medida que voy haciendo estallar burbujas de preocupación por uno mismo, voy comprendiendo los retos que plantea el conectar con otras personas. Hace falta una gran destreza para tender la mano de la forma apropiada, y es necesaria una especie de clarividencia para ver por anticipado cómo van a percibir mi preocupación, mi discurso, el lenguaje de mi cuerpo.

Hay todo un proceso de aprendizaje implicado en el proceso de llegar a ser compasivo. El primer paso es el desarrollo de una motivación sincera, basada en el sentido de nuestra perpetua vinculación con todo el mundo. Una vez que nos hemos embarcado en este proceso educativo, estamos a salvo de que nuestro ego se sienta halagado por la perspectiva altruista al comprender que simplemente estamos cultivando un hábito. Cuanto más nos centramos en los otros, más amplia llega a ser nuestra sensación de ser y más alegres y elevados nos sentimos. Dejamos de esperar que los otros nos dirijan palabras de alabanza o nos recompensen por nuestra atención. La preocupación por el destino de los demás se convierte en rutina. Y así como al cuidar de un niño estamos atentos a cada movimiento con el fin de que no se haga daño, del mismo modo se atiende cuidadosamente a los otros para asegurarse de que no se lastimen.

Puesto que hay una multitud de posibles distracciones cuando estamos interactuando con los otros, al principio puede ser difícil prestarles una atención tan estrecha. En consecuencia, la educación en el altruismo requiere la práctica de diversos ejercicios contemplativos para ayudarnos a ser más sensibles a los demás a fin de poder identificarnos con ellos estrechamente y tener más claridad sobre lo que necesitan y quieren.

Ponernos en el lugar del otro

Poco a poco, podemos experimentar con el sentimiento de «ponernos en el lugar de la otra persona», teniendo cuidado de no mostrar abiertamente ante ellos lo que estamos haciendo, no sea que encuentren nuestra atención invasiva. ¡Qué sorprendente y emocionante es «ser» otra persona, aunque solo sea de forma remota!: imaginarte a ti mismo como otra persona, de modo que sientas sus percepciones como si fueran tuyas. Esta clase de proyección imaginativa nos ayuda a ver los puntos de vista de los otros, estemos o no de acuerdo con ellos. Y podemos ampliar el experimento de modo que nos imaginemos ser varias personas a la vez, tal vez mirando en silencio desde la distancia cómo dos personas interactúan, e imaginando cómo primero una y luego la otra están sintiendo a medida que entran en sintonía.

Así es como los grandes *bodhisattvas* de la tradición budista experimentaron el mundo, con una conciencia tan abierta a la relación con los demás que podían sentirse vivos en cada ser. Para nosotros, esa conciencia infinita se manifiesta de formas diversas para abrazar a los demás con amor y compasión, y orientarlos hacia la conciencia de su propia libertad y felicidad y apartarlos de lo que habitualmente experimentan como limitación y sufrimiento.

El *bodhisattva* Avalokitéshvara, que, según se cree, se ha reencarnado en el actual Dalái Lama, representa el infinito altruismo de los seres iluminados. Se dice que Avalokitéshvara hizo un voto solemne de que cualquiera que escuchara su nombre, por el mero hecho de oírlo, empezaría a sentir que también podía encontrar felicidad y libertad. Al convertirse en monje, Shantideva eligió su nombre de Dharma, «Dios de la Paz», en sánscrito, de modo que cualquiera al oírlo se sintiera lleno de paz. El nombre de Cristo procede del griego *christos*, que significa «ungido», ungido por la gracia de un Dios compasivo.

En la medida en que podamos ampliar nuestro sentido de identidad para incluir a otros y preocuparnos por su condición, nosotros mismos seremos también más felices. Por lo tanto, debemos establecer ese tipo de relación con los demás, transformando la preocupación por uno mismo en preocupación por los otros. (Véase el Apéndice, página 261, para una práctica de visualización de dar y tomar, que está relacionada con este cambio de uno mismo por el otro.)

Para transformar realmente la preocupación por uno mismo en preocupación por los otros, podemos llegar incluso a dar el cuerpo y la vida por los demás, si es necesario. En términos prácticos, esto significa que, poco a poco, se trabaja para disminuir un apego exagerado al cuerpo. Si no percibiera mi cuerpo como algo tan delicado, tan vulnerable, no me mostraría temeroso ante la posibilidad de sufrir pequeñas molestias o dolores. Así que tengo que estar menos apegado a mi cuerpo. Y no debo seguir quitando la vida a otros seres para alimentarlo ni cometer ninguna clase de violencia para defenderlo.

El cuerpo nos puede dar gran cantidad de problemas. Por eso, el apego al cuerpo puede ser nuestro enemigo. Sin embargo, esto es supersecreto para la mayoría de nosotros, de modo que debemos tener cuidado de no tomar la afirmación «el apego a mi cuerpo es mi enemigo» de una manera literal y, en consecuencia, hacernos daño a nosotros mismos. No estamos hablando de dañar el cuerpo, sino de utilizarlo de forma correcta, como un regalo. Esto puede ser una parte importante del proceso de cambiarse uno mismo por otro, de modo que el objetivo de desarrollar un mayor altruismo se vea beneficiado por el desapego creciente al cuerpo. Y ciertamente no estaremos apegados al cuerpo si desarrollamos la visión secreta que contempla dicho apego como un enemigo. Permítaseme aclarar: así como la preocupación por el yo es destructiva para el yo y la preocupación por los otros es beneficiosa para el yo, así también la obsesión por el cuerpo, el narcisismo y la vanidad son realmente perjudiciales para el cuerpo. El hipocondríaco se preocupa de continuo por la posibilidad de caer enfermo y, a consecuencia de ello, se enferma con más frecuencia que quien está menos obsesionado por cualquier pequeña molestia que sienta en su cuerpo. La joven que siempre se está comparando a sí misma con las modelos de moda tiene miedo de comer y desarrolla anorexia o bulimia, poniendo su vida en un serio peligro. La persona narcisista invierte muchas horas y mucho dinero en su preocupación por la apariencia, en detrimento de una atención real a su salud.

Bailar, hacer ejercicio, hacer gimnasia o practicar deporte son formas menos obsesivas de honrar el cuerpo, y las personas con una actitud más positiva hacia el cuerpo y una comprensión respetuosa de cómo mantener su salud son más propensas a desarrollarse bien. Esta es, pues, otra de las paradojas de la vida: cuanto menos preocupados estamos por el cuerpo, mejor nos sentimos.

En la práctica del ponerse en el lugar del otro, las paradojas abundan. Por ejemplo, cuando estamos a punto de regalar algo que realmente nos gusta –una bufanda a un amigo al que sabemos que le gusta, por ejemplo– a veces nos detiene el pensamiento: *Si se la doy, ya no podré disfrutar de ella en lo sucesivo.* Pero esta forma de pensar conduce a la avaricia. Aferrarse a las cosas porque pueden ser útiles más adelante termina por encarcelarnos bajo montones de cosas inútiles. ¿Alguna vez has visto en televisión uno de esos *reality shows* sobre el acaparamiento? Lejos de disfrutar de las cosas acumuladas, quienes así actúan están deprimidos, aislados de sus familiares y amigos, y literalmente enterrados en vida. Un montón de lingotes de oro encerrados en la bóveda de un banco no tienen ningún valor práctico. Incluso una cuenta bancaria enorme es solo un montón de números en una hoja de papel a menos que orientes ese dinero hacia algo positivo: inviértelo, entrégalo para una causa noble, o utilízalo para apoyar las posibilidades de tu vida. Las personas que practican el ponerse en lugar del otro tienden a ser consumidores conscientes, no consumidores ostentosos. Cuando están a punto de gastar dinero en cosas no esenciales, a menudo les viene a la mente el pensamiento: *¿Disfrutaré realmente de esto, cuando podría estar usando el dinero para ayudar a alguien?* Esta actitud es la contraria a la del avaro. Es la prodigalidad de los verdaderamente generosos.

Cuando estamos perdidos en la preocupación por nosotros mismos, nos centramos en lo que nos proporciona una ventaja sobre los demás, sin darnos cuenta de que la preocupación por uno mismo crea un impulso que puede dar lugar a consecuencias desagradables en el futuro. Incluso un pequeño autosacrificio puede permitirnos hacer mucho bien a los demás. Tenemos que desarrollar la perspectiva evolutiva que propone la teoría biológica del karma, una visión a largo plazo que se prolonga más allá del momento, o incluso del tiempo de esta vida. Aunque debemos tener cuidado de no privarnos hasta el punto de poner en peligro la propia vida o la vida de quienes dependen de nosotros, debemos también reconocer que un poco de autosacrificio al servicio de los otros nos empuja hacia la consecución del beneficio supremo de la iluminación, el despertar a la verdadera felicidad y el amor universal.

Cuando vives una vida evolutiva, entiendes la causalidad de una manera muy diferente a como la contempla alguien que solo tiene presente este tiempo de vida. Ya no te apropias de lo que puedes conseguir en cada momento, sin preocuparte por las consecuencias. Si manipulas a tus semejantes, utilizándolos para tus propios fines, la cosmovisión kármica implica que en tu futuro evolutivo vas a terminar como un esclavo de los demás. Pero cuando se sirve a otros, utilizándote a ti mismo para su beneficio, te conviertes en señor del universo. Interpreto esta forma de ser como el «desafío Shantideva».

El desafío Shantideva

Shantideva afirmaba que toda la felicidad en el mundo deriva de desear la felicidad de los demás, es decir, que procede del amor. Y toda la desdicha en el mundo proviene de desear nuestra propia felicidad, es decir, del egoísmo. Esto, por supuesto, va en contra de la forma de pensar convencional. Pero no se necesita mucho para despertar al hecho de que nuestra insatisfacción con lo que tenemos y nuestra necesidad insaciable de tener más son contraproducentes: una verdadera garantía de que nos encontraremos con dificultades en nuestras relaciones, problemas en el trabajo y decepciones en el hogar.

Cada año propongo a mis alumnos en las clases de la universidad que me cuenten algún momento de felicidad del que hayan disfrutado como resultado de buscar su propia felicidad. Citan diferentes experiencias –los chicos citan invariablemente el sexo–, pero cuando analizamos esas experiencias, casi siempre encontramos que la verdadera clave para su felicidad es que se olvidaron de la búsqueda de su propia felicidad y se perdieron a sí mismos en la experiencia, siempre en relación con los demás, directa o indirectamente.

Las personas centradas en sí mismas, encerradas en su interior con su preocupación por ellas mismas y su pensamiento fijo en lo que tienen, en lo que no tienen, en lo que quieren conseguir –los insatisfechos, en otras palabras– están en realidad muertos para el mundo. No pueden hacer un agujero para salir de la bolsa de papel de su propio autoencierro. Incapaces de conectarse con los otros o centrados en cómo los perciben los demás, viven en continuo aislamiento, aun cuando puedan estar rodeados por una enorme multitud. Una persona altruista, por el contrario, se centra en lo que otros quieren y necesitan, y en cómo ayudarles a conseguirlo para que sean felices. Mientras la persona aislada termina en un infierno de alienación, la persona iluminada disfruta de la bienaventuranza.

Cuando decido cambiar mi preocupación por mí mismo por la preocupación por los otros, ya estoy haciendo un avance significativo en mi progreso evolutivo, estoy dando un paso hacia un ser más grande. Cuanto más asumo el sufrimiento de los demás y comparto mi propia felicidad con ellos –mediante la meditación de dar y tomar y la práctica diaria de cambiarme por el otro que sojuzga al yo secreto–, más expansivo me vuelvo. Cuando experimento la vida desde la perspectiva de los demás, mi propia vida se abre al mundo. Los padres que se esmeran en ayudar a sus hijos encuentran tanto poder en sus esfuerzos porque están actuando por el bien de su familia, ampliando su identificación con el grupo. Los compañeros de un equipo también hacen lo mismo, y otro tanto hacen los amantes. Pero si dejamos de expandir nuestra conciencia y de identificarnos con los demás, quedamos atrapados en nuestra adicción al yo y no podemos evolucionar como seres espirituales, ni tampoco aumentar nuestra felicidad mundana mejorando las relaciones con los que nos rodean.

De forma realista, las perspectivas de la persona preocupada por sí misma en la vida son limitadas. Si vamos por el mundo con nuestras actitudes egoístas, no agradaremos a los demás. Las personas que de algún modo nos sirven lo harán con desagrado y de manera ineficaz, y aquellos a quienes servimos dejarán de apreciar nuestro servicio, puesto que les es proporcionado a regañadientes y de manera igualmente ineficaz. No solo nuestras relaciones con los otros se resentirán, sino que realmente podemos hacerles daño al no tener ya en cuenta los efectos de nuestras acciones. El hábito del yo crea una situación en la que todo el mundo sale perdiendo, de modo que nuestro objetivo de prosperar y mejorar en esta vida se ve condenado al fracaso.

Cuando miramos el mundo a nuestro alrededor, podemos ver toda la violencia que resulta de tratar de conseguir lo que pensamos que nos hará felices y deshacernos de lo que pensamos que nos estorba en el camino. La preocupación por sí mismo de cada participante en esta danza mortal es claramente la fuente de toda violencia y todo dolor. Si cada individuo, cada país, cada grupo, pudiera tan solo ver el punto de vista del otro –y comprender que a veces es mejor que el propio, y que con un poco de esfuerzo las dos visiones podrían coexistir e incluso armonizarse–, gran parte de la violencia que hoy vemos en el mundo podría ser evitada. El hábito de la preocupación por uno mismo, el hábito de la identidad rígida, es el verdadero enemigo que infecta el mundo. Solo desprendiéndonos de la preocupación por nosotros mismos y volviendo nuestra atención hacia los otros y sus preocupaciones podemos librarnos de este enemigo. Necesitamos afirmar incondicionalmente:

Estoy aquí por los otros. Ellos son mi único propósito en la vida. Soy como la madre de un recién nacido, preocupada por todo lo que mi hijo quiere y necesita. Me concentro en mirar a la vida a través de los ojos de los otros. Renuncio a buscar aquello que quiero. Todo lo que tengo, incluso mi cuerpo, lo coloco al servicio de los otros. No me apropiaré indebidamente de ello para mis objetivos particulares.

Ahora bien, cuando vemos a los otros estamos al mismo tiempo viéndonos a nosotros mismos tal como ellos nos ven. Entonces podemos empezar a modificar nuestra relación con ellos con vistas a mejorarla. En nuestra forma habitual de mirar a otras personas está presente la intención de juzgarlas. O bien ellos están por encima de nosotros, o nosotros estamos por encima de ellos, o somos iguales. Cuando alguien está por encima de nosotros, sentimos envidia. Cuando estamos por encima de ellos, nos sentimos condescendientes. Cuando nos parece que somos iguales, adoptamos una actitud competitiva, al ver a los demás como rivales. Ahora bien, cuando nos miramos a nosotros mismos a través de sus ojos, sentimos lo inverso. Esta tendencia a juzgar es espontánea y subliminal, pero una vez que estamos en empatía con los demás, nos damos cuenta de que cuando los estamos juzgando, ellos a su vez nos están juzgando a nosotros. Viendo a través de sus ojos, sentimos lo que significa ser juzgado.

Este es el núcleo esencial del yoga de la igualdad, el cambio de uno mismo por el otro (similar a la meditación de dar y tomar, pero más bien un yoga viviente practicado de forma continuada en el tiempo, tanto meditando como actuando en el mundo). A través de esta práctica abrimos nuestras fronteras para unirnos a la comunidad. Renunciamos a una determinada fuente de energía, el egotismo preocupado de sí mismo, para recurrir a otra distinta, la compasión empática. Progresivamente ampliamos nuestra propia identidad para incluir cada vez más a los otros. Nos embarcamos en este viaje para aportar felicidad a todo el mundo, alzándonos heroicamente para asumir la responsabilidad por todos los seres. La imaginación creativa deviene nuestro instrumento principal, ahora que la hemos recuperado, al liberarla del papel inferior al que servía como mantenedora de nuestra habitual visión del mundo basada en la preocupación por uno mismo.

Abrazar un estilo de vida infinito

Cuando hemos aceptado el desafío Shantideva, automáticamente sentimos la invitación a abrazar la relación recíproca total con todos los seres que surge al sustituir la preocupación por uno mismo por la preocupación por los otros, un proceso que es paralelo a lo que yo llamo «liberarse de la forma de vida terminal y adoptar el estilo de vida infinita». Aunque esta perspectiva infinita es universalmente beneficiosa, la invitación a adoptarla no puede ser aceptada de forma demasiado prematura. Antes de asumir el abrazo, y puesto que somos, en última instancia, seres realistas, tenemos que entender la inevitabilidad de alguna forma de continuidad infinita de «yoes» relativos y «otros» relativos. En otras palabras, tenemos que liberarnos de nuestra convicción de que esta vida es todo lo que hay, de que el cuerpo y la mente de que ahora disfrutamos es todo lo que alguna vez seremos, y que, por tanto, tenemos que preocuparnos de nosotros mismos y de nuestros seres queridos solo hasta la muerte, porque, cuando el cuerpo nos abandone, nos habremos ido para siempre, sin importar lo bueno o lo malo que cada uno haya sido. Comprender profundamente la probabilidad abrumadora de que la energía mental de nuestra conciencia continuará existiendo tras la muerte del cuerpo nos libera de nuestro estilo de vida terminal y nos compromete con el estilo de vida infinita. De esta forma, el entrar en el estilo de vida infinita con miras a optimizarlo para uno mismo y los seres queridos, independientemente de lo pequeño o grande que pueda ser tu círculo de amor, no es un salto al más allá, una empresa arriesgada o un experimento peligroso. Más bien es un paso práctico, realista y de sentido común, que hace lo mejor de una cosa segura.

Esta visión, sin embargo, puede resultar desalentadora al principio, por lo que es opcional y no debe ser forzada en ningún caso. No debemos ser demasiado entusiastas y tratar de abrazarla prematuramente, pues corremos el peligro de caer en el desaliento y adoptar una actitud cínica. Abrazamos la vida infinita a través de vidas interminables sobre la simple premisa de que, si la vida es infinita y la muerte es una rápida transición de una vida a otra, entonces siempre hemos estado viviendo y siempre seguiremos viviendo. Las grandes preguntas, por lo tanto, son: ¿cómo vamos a vivir?, ¿será en el dolor o en la felicidad?, ¿qué podemos hacer para asegurar nuestra felicidad futura y evitar el futuro dolor? Cuando nos damos cuenta de que vivimos en el contexto de las consecuencias infinitas de todo lo que pensamos, decimos o hacemos, mejoramos en gran medida nuestras posibilidades de encontrar la felicidad, ya que intensificamos de forma inconmensurable nuestra atención amorosa hacia nosotros mismos y hacia los demás.

Otra implicación de este contexto de vida infinita es que todos los seres vivos están en la misma situación que nosotros. Todos han estado viviendo sin comienzo, al igual que nosotros, y continuarán vivos para siempre, igual que nosotros. Hemos tenido posibilidades infinitas de comprometernos con ellos un número infinito de veces, como ellos las han tenido con respecto a nosotros. Y hemos estado y seguiremos estando infinitamente comprometidos con todos ellos.

En todos los relatos de su iluminación bajo el árbol Bodhi, se dice de nuestro Buda Shakyamuni histórico que primero

recordó sus infinitas vidas anteriores y luego llegó a ser consciente de las vidas anteriores y los destinos futuros de todos los
demás seres. A medida que su conciencia se expandía infinitamente con esta iluminación, experimentaba de forma visceral
su mutua relación infinita con todos los seres.

Aunque todavía no seamos conscientes de ello con esa vis-
ceralidad, todos hemos sido todo con respecto a los demás en
otras vidas pasadas –madre, padre, amante, hijo, profesor, aliado, rival, enemigo– y continuaremos siendo todo con respecto a
los demás en las vidas futuras. Por tanto, para que la vida infinita llegue a ser infinita felicidad, los otros deben experimentar
su vida infinita como felicidad infinita. Por eso, y a pesar de
que todavía no hayamos experimentado en plenitud la dicha
infinita del despertar, de forma natural decidimos que vamos a
despertar a todos los seres del mundo junto con nosotros.

Una vez que sabemos esto, nuestra motivación ya no es
solo liberarnos a nosotros mismos del sufrimiento. Nos damos
cuenta de que sería imposible experimentar felicidad perfecta
si hubiera un solo ser que no la compartiera y siguiera sufriendo. El Buda enseñó que su poderoso deseo de liberar a todos
los seres del sufrimiento es el alma misma del despertar, el
alma del *bodhisattva* que está entregado a la salvación del
mundo. El alma del despertar es consciente de su unidad con
todas las demás almas, aunque al principio lo sea de manera
intermitente y necesite recordatorios. Pero, con el tiempo, esta
toma de conciencia se convierte en su orientación natural. Es
el alma de uno la que está decidida a salvar del sufrimiento

a toda la comunidad y considera que todos los seres integran esa comunidad.

ACABAR CON EL ODIO A UNO MISMO

Tracy, una estudiante que acudía a mis clases, me dijo que se liberó del odio crónico a sí misma prestando atención a su monólogo interno: «Una de las cosas más importantes para mí ha sido siempre querer que las cosas fueran diferentes. Crecí en un hogar en el que había violencia y continué siendo objeto de abusos en la edad adulta por parte de mi pareja.

»Yo siempre estaba pensando: *No soy lo suficientemente buena. No me merezco nada. ¿Quién podría quererme?* Por último, el dolor era tan grande que simplemente me cerré».

Pasaron años antes de que Tracy pudiera recurrir a un psiquiatra. «No era consciente de lo amargada que estaba –recuerda–. Mi corazón estaba firmemente cerrado.» Siguiendo la sugerencia de su terapeuta, accedió a intentar practicar meditación. Se sentó y empezó a seguir su respiración, tomando nota de las historias que guardaba almacenadas en la cabeza. «La meditación ha transformado mi vida –dice ahora–. Cuando mi historia reaparece (pues no estoy del todo bien) y empiezo a sentirme ansiosa, puedo respirar y volver al momento presente, sabiendo que los pensamientos pasarán. Estoy aprendiendo acerca de la impermanencia. El dolor pasa. Puedo sentarme con él. Es muy liberador.»

Tracy continúa diciendo: «Justo en este momento puedo sentir la tristeza, el dolor en el pecho. Pero es diferente. Es solo tristeza. Puedo estar con ella con el corazón abierto y la dejo ir. Y algo muy importante para mí: he sido capaz de mantenerme en una actitud de amabilidad amorosa (...), aunque esto es algo que estoy trabajando. No es perfecto (...), y no siempre es fácil (...), pero puedo hacerlo».

La confianza de saber que la libertad es posible incluso en presencia de nuestros demonios nos da fuerza cuando amenazan con golpearnos. Saber que disponemos de diferentes opciones, es decir, que podemos decidir sobre nuevos caminos, abrir nuestra mente hacia algo más grande, y mantener nuestra visión no importa lo que ocurra, nos recuerda que siempre tenemos una fuente de LUZ, aunque podamos entrar eventualmente en una habitación oscura.

La victoria sobre el enemigo supersecreto

Ahora, después de haber vencido al enemigo supersecreto con la magnífica visión del *bodhisattva*, podemos sellar esta victoria con una visualización positiva. Aquí, en el reino de la compasión y la sabiduría, la energía ejercida tan destructivamente por el odio está disponible para ser utilizada de manera creativa. Mi maestro Tara Tulku decía que las energías que componen el mundo del sufrimiento –engaño, orgullo, avaricia, lujuria, codicia, envidia e ira– son todas destruidas por la sabiduría. La ilusión o ignorancia es la raíz de todas ellas, puesto que todas dependen de que se mantenga la idea del nosotros-frente-a-ellos, la idea de un yo fijo separado de otros yoes fijos. Cuando este engaño es finalmente desarticulado, la sabiduría puede reapropiarse de estas energías destructivas para reconstruir un mundo de libertad y de dicha.

La energía explosiva de la ira se convierte en sabiduría pura, que derriba todos los obstáculos, examina toda resistencia a la libertad, y consume la muerte y la vida en el vacío infinitamente libre de la relatividad. La energía del odio, transmutada en sabiduría suprema, real y perfecta, es como una amable explosión nuclear que da la vida disipando la confusión. Este tipo de ejercicio puede conducir a la transformación del entorno y de la sociedad, al cambio del «ego-universo» del sufrimiento por el «buda-verso» de los individuos libres y llenos de amor en el seno de comunidades de apoyo.

En el texto tántrico conocido como *Máquina del Tiempo (Kalachakra)*, se dice que hace más de 2.000 años, en el mágico reino oculto de Shámbhala, el rey Yashas, emanación de la sabiduría del *bodhisattva* Mañjushrí, abolió el sistema de castas y proclamó la igualdad total de todos los súbditos. Anunció que a partir de ese momento, todas las personas pertenecerían a lo que llamó la clase *vajra*, es decir, la clase del diamante. Esta proclamación significaba que todos poseerían una parte del poder regio. En otras palabras, todo el mundo sería, en cierta medida, un rey o una reina. Esta realeza simbólica universalmente compartida resuena de forma poderosa con nuestro preciado ideal de democracia, en la que cada ciudadano tiene autoridad y contribuye a decidir el gobierno y la ley de la tierra. En el corazón del influyente escrito de Thomas Paine *Common Sense*, que abogaba por la independencia del dominio británico, hay una poderosa imagen de la revolución americana como la ruptura de la corona del rey, y la democracia como la devolución de las joyas de la corona a los ciudadanos de la tierra, cada uno dueño de una de ellas, lo que significa la soberanía del pueblo.[20] En nuestro esfuerzo por derrotar al enemigo supersecreto del odio a uno mismo, es importante cuestionar la idea muy insistentemente repetida entre nosotros de que la sociedad es siempre opresiva y los seres humanos nunca pueden llevarse bien, de que cada uno mirará siempre solo por sí mismo, y de que, en última instancia, vivimos en un reino hobbesiano rígidamente controlado en el que se desarrolla la guerra de todos contra todos. Pero así como cada uno de nosotros es un ser potencialmente bienaventurado, libre, capaz de amar y de ser amado, así también nuestra sociedad planetaria puede ser un entorno de apoyo y cumplimiento en el que todos podamos prosperar en común.

NO MÁS ENEMIGOS

La generosidad rompe la brecha del nosotros-frente-a-ellos y reconoce los vínculos humanos que tenemos en común. En uno de sus discursos, el Buda instruía a un rey sobre el liderazgo iluminado: «Para ser un buen líder, tienes que ser justo y generoso». El rey era justo, pero descuidaba la generosidad, con el resultado de que su pueblo estaba hambriento. Y, como tenían hambre, las gentes habían comenzado a robar, y, como aumentaban los robos, el rey había comenzado a construir más cárceles. «¿Qué debo hacer?», preguntó el monarca. «Olvidas algo básico –respondió el Buda–. Si no quieres que las gentes roben, debes ser generoso. Dales comida.»

La generosidad va de la mano de la misericordia, porque en el momento de dar nos sentimos bien dispuestos hacia aquellos que están recibiendo; tenemos una sensación de unidad y no de separación con respecto a ellos. La generosidad va de la mano de la compasión cuando comprendemos que nada sucede de forma aislada y que todos somos responsables del bienestar de los demás. La generosidad va de la mano de la alegría altruista cuando nos alegramos con la felicidad del beneficiado en lugar de sentirnos de alguna manera empobrecidos o mermados por no disponer ya de lo que hemos dado. La generosidad va de la mano con la ecuanimidad, cuando estamos dispuestos a prescindir de lo que nos pertenece sin resistencia ni inquietud.

La ternura de corazón con relación a los otros no significa simpleza o necedad. Para que la compasión sea real, debe ir a la par con la sabiduría. La caridad corre el riesgo de caer en el proteccionismo con el que recibe, estableciendo sutilmente una relación en la que uno está arriba y otro abajo, lo que perpetúa el sentimiento de separación. Tenemos que comprender la gran red de relaciones recíprocas, y entonces nos sentiremos movidos a ayudar, impulsados por nuestra conciencia de que todos estamos en esta vida juntos. Cuando hemos vencido a nuestros enemigos, interiores y exteriores, practicamos la generosidad como un derramamiento de la felicidad que hemos encontrado.

Los buenos líderes –los reyes y las reinas dotados de sabiduría– tienen la responsabilidad de gobernar bien, para hacer lo que es correcto y beneficiar a todo el pueblo. Frecuentemente, mantenemos fantasías secretas de ser poderosos, y pensamos que estamos trabajando duro para tener éxito. Pero, en realidad, tenemos miedo del verdadero poder y las responsabilidades que lleva consigo. Uno de nuestros más consoladores engaños es que no tenemos ningún poder; por consiguiente, lo que hacemos, decimos y pensamos debería carecer realmente de importancia. Pero tenemos que superar este engaño y aceptar la responsabilidad de nuestra contribución a la vida propia y a la vida de los demás. Debemos desarrollar una confianza profunda y estable en nosotros mismos que esté libre de la autoinflación y la autopromoción que surgen de un sentimiento básico de inseguridad.

El yoga de la autocreación

Una de las consecuencias lógicas de la no-egoidad, del carácter vacío, relativo, y por tanto fluido, de nuestra identidad es que nuestro yo está siempre cambiando y que somos responsables de ser creativos con respecto a nosotros mismos como obras en proceso de creación. Para actuar como gobernantes sabios de nuestras propias vidas y ser un ejemplo inspirador para los demás, necesitamos un aprendizaje que nos ayude a prepararnos para tan fundamental papel. En el país mágico de Shámbhala, se practicaba regularmente un insuperable yoga tántrico de autocreación. El rey era el adepto supremo de esta técnica y dirigía las iniciaciones espirituales y los rituales de coronación en los jardines que rodeaban su palacio real, ayudando a cada persona a imaginarse a sí mismo como el rey o la reina de su propio «buda-verso». Aunque no podamos vivir en Shámbhala, cada uno tiene el deber de asumir la responsabilidad por el fragmento de corona real que se nos ha entregado, y crear su propio reino de iluminación.

El yoga de autocreación comienza con un mantra:

¡Ven a mí, energía divina! ¡Yo soy aquel cuya verdadera naturaleza es el diamante, el conocimiento intuitivo de la libertad![21]

Trata de decir estas frases en voz alta. Son poderosas. Con este mantra, te desprendes de tu habitual sentido del yo. Deja que tu cuerpo y tu mente se disuelvan a través de la oscuridad de la inconsciencia y entren en el reino de la clara luminosidad. Afirmas el fundamento de tu ser en el conocimiento absoluto de la no-egoidad. Abandonas cualquier idea de ser o poseer cualquier cosa a la que estés aferrado. Dejas ir todas las palabras y pensamientos, formas, sonidos, olores, sabores y texturas. Abandonas incluso la sensación de sumirte en la ausencia de estas cosas. Aquí encuentras la vida infinita. Eres colmado con el poder de tu verdadero yo, tu alma de *bodhisattva* de bondad universal. Estás presente en lo más profundo del corazón de todos los budas, los dioses, las diosas, los seres humanos y los otros seres que habitan el universo, y eres inseparable de ellos. Experimentas la energía de la dicha total.

Cuando continuas con el yoga de la autocreación, es crucial que mantengas ese sentimiento de existencia infinita, que es absolutamente seguro en su falta de fundamento. En la vasta y energética paz de la no-egoidad, no te sientes aislado en algún lugar al margen de la relación con los demás. Por el contrario, abarcas a todos los seres, incluidos los que ya conoces, los que nunca has conocido y los que solo puedes imaginar. Consideras cada célula y cada pensamiento de cada ser con alegría y amor, sintiendo que no hay diferencia entre ellos y tú. Te das cuenta de que la mayoría de las personas se engañan a sí mismas, y tu compasión universal te impulsa a ayudarlos a todos para que lleguen a sentir la libertad y la felicidad que merecen. Cuanto más poderosa deviene tu empatía, más intensa es tu voluntad de proporcionar felicidad a los demás.

Las acciones convencionales parecen demasiado lentas e inadecuadas. Para que tu amor alcance sus aspiraciones, necesitas una técnica más elevada. Sacando provecho de la creatividad, habitualmente sujeta a un fantaseo ocioso, imaginas el mundo como un lugar de belleza y seguridad, un lugar sagrado y sublime, libre de sufrimiento. Te ves a ti mismo como una fuente de sabiduría, rebosante de bondad y amor perfectos.

Das forma a tu universo como deseas, visualizándolo como elementos de energía –viento, fuego, agua y tierra– surgiendo del vacío libre y espacioso. Estabilizas esos elementos en un modelo cósmico que sientes seguro y lo rodeas con un impenetrable campo de fuerza que lo protege. Reúnes a todos los seres en un lugar que es perfecto para hacer frente a sus necesidades, en cuerpos humanos que expresan de forma perfecta su estado de evolución, disfrutando cada uno de su propio y más elevado potencial.

No eres una encarnación concreta separada de ellos, sino más bien una nube de conciencia omniabarcante que envuelve todo el mundo y todas las vastas corrientes de los seres como una presencia paternal o maternal que siente amor y compasión sin límites por cada uno de ellos. Son acunados en tu energía de bienaventuranza, impregnados de tu sabiduría y tu compasión que los sustenta. No ignoras su sufrimiento, físico y mental, cuando luchan uno contra otro y contra un mundo al que temen. Comprendes cómo cada persona percibe el mundo exterior a ellos como «lo otro», y tu preocupación amorosa se refleja automáticamente en ellos, de modo que se sentirán a gusto, se abrirán y desearán conectar con los demás de una manera positiva. Eres como una gran máquina de enseñanza que se entrega por completo a todo el mundo.

Visualizarte a ti mismo de algún modo será la mejor respuesta a las necesidades de las personas con las que deseas interactuar. Cualquiera que sea el sexo de tu cuerpo normal, visualízate como masculino o como femenino en función de cuál consideres que es la forma óptima de acercarte a cada persona específica. Ya sea tu piel negra, blanca, amarilla, roja o marrón, visualízate como miembro de la raza que mejor se pueda relacionar con una situación o persona particular. Aunque seas un ser humano, visualízate como animal si una determinada especie puede resultar menos amenazante para alguien. Si, por ejemplo, te estás acercando a una mala persona que podría enfrentarse a tu forma humana normal con gran hostilidad, imagina que te acercas a esa persona como un gato, un perro, un caballo o un camello, y ve hacia ella con actitud cariñosa, para hacerle bajar momentáneamente la guardia y que acepte así tu forma amorosa.

Combina estas visualizaciones con la práctica constante de ponerte en el lugar del otro. Fíjate en la gente a la que habitualmente miras desde arriba, aunque sea de manera sutil, y contempla tu yo normal a través de sus ojos: siente qué sensación les produce tu condescendencia y cómo responden con envidia y resentimiento. Sé consciente de cómo los miras cuando te mueves, gesticulas, hablas o estás en su presencia. Míralos como ellos te miran, a través de los ojos de la envidia y el desasosiego. Trata de sacar tu conciencia completamente fuera de ti mismo, y estate bien presente dentro del otro.

Una vez que hayas realizado de forma correcta este acto de imaginación, elige una persona diferente, alguien a quien normalmente consideres un rival en algún aspecto, y obsérvalo con cautela, con actitud competitiva, tratando de ver sus puntos débiles y buscando la oportunidad para beneficiarte de ellos. Mírate a ti mismo a través de sus ojos con la misma inquietud, miedo, competitividad y agresividad. De nuevo, trata de salir de ti mismo y entrar por completo en la conciencia de la otra persona.

Cuando hayas experimentado con esa persona, elige otra a la que normalmente consideres superior a ti de alguna manera, alguien a quien mires con una admiración mezclada con envidia y resentimiento, que normalmente podría mirarte a ti, aunque sea sutilmente, con condescendencia o incluso con desprecio. Mírate a ti mismo tal como esa persona te mira.

Cuando adquieres experiencia en la empatización imaginativa, puedes practicarla mientras desarrollas cotidianamente tu vida normal. Cuando ves a alguien en un autobús, en un restaurante, o en la televisión, imagínate que eres esa persona, viéndote desde su perspectiva. Cuando tu radar empático se vuelve más y más afinado, sentirás que llegas a estar mucho menos preocupado por ti mismo y que eres mucho más consciente de tu impacto en los demás. Estarás mucho más en sintonía con su felicidad.

Siempre que te sientas abrumado por la magnitud con que se te muestra el sufrimiento de los demás, puedes disolver tu sentido de ti mismo como ser normal y corriente, y verte como la Fuerza de Diamante de la Máquina del Tiempo de Buda, un ser azul intenso con suprema confianza en sí mismo y con un compromiso total con la inmediata felicidad de todos los seres. Cuando descansas en esta sensación de identidad búdica, no tienes que pensar en tu virtud, poder, discernimiento y energía, puesto que encarnas absolutamente todas esas cualidades. Eres invulnerable frente al miedo, el dolor y la muerte. Eres el tiempo mismo, manifestándote no solo en el aquí y el ahora, sino también infinitamente presente a lo largo del tiempo y el espacio. Todos los seres perciben tu existencia. Incluso aquellos que se sienten atrapados en una vida horrible recuperan la esperanza cuando te ven: les aseguras el futuro alivio de su sufrimiento. Sientes una inmensa compasión por cada individuo, y tu deseo de felicidad para ellos contiene un enorme potencial transformador. Todos los seres buscan tu orientación y la seguridad que tú les das en su viaje por las subidas y bajadas de la vida. No toleras miseria ni mezquindad ninguna. Incluso los seres malvados se deshacen en bondad cuando te ven.

Imagínate a ti mismo en un palacio enorme, como el Taj Mahal, de pie, en el centro de un espléndido jardín, lleno de dioses y diosas que danzan colmados de una felicidad inagotable y exquisita. Conduces a todos los seres hacia ese lugar paradisíaco, poniendo a cada uno en la situación más excelente que pudieran imaginar. Sientes una extática alegría cuando estos seres superan sus engaños, el miedo, el dolor y la ansiedad, y se relajan en la paz y la alegría. Luego regresan a su entorno ordinario sintiéndose contentos, virtuosos y benevolentes, como una fuente de ayuda y felicidad para todos los demás. Siguiendo el ejemplo que tú mismo les propones, todos comienzan a trabajar para crear un yo iluminado y una sociedad iluminada, en la que también ellos irradien sabiduría y bienaventuranza.

Continúa tu meditación envuelto por ese sentimiento de éxtasis, en esa arquitectura de sublime poder y relación con todo, mientras gozosamente examinas el universo. Tu cuerpo está interrelacionado con los cuerpos de todos los seres iluminados que alguna vez han existido, incluyendo todas las divinidades de todas las culturas del planeta y de todos los tiempos. Entras en armonía con todos ellos, y luego los envías a purificar el entorno, para llevar consuelo a todos los seres. Este eres tú como la Fuerza de Diamante de la Máquina del Tiempo de Buda.

Cuando te sientes restaurado, lleno de la energía y determinación para hacer realidad esta visión mágica, puedes comenzar a disolverte lenta y gradualmente, dejando tu enorme cuerpo azul de múltiples brazos y rostros, de vuelta a tu esencia sutil y no egoica. A continuación, surges desde la meditación en tu cuerpo normal, volviendo a la vida ordinaria en tus circunstancias habituales. Pero ahora tienes el conocimiento que es inseparable de la Fuerza de Diamante de la Máquina del Tiempo de Buda. La seguridad y el poder que has descubierto permanecen dentro de ti, vivos y activos, como fuentes de inspiración y respeto por ti mismo que te permiten seguir adelante para cambiar el mundo y cambiarte a ti mismo.

Puedes practicar este yoga de la autocreación siempre que necesites inspiración, cuando estás lleno de dudas o inseguridades sobre ti mismo. También puedes practicarlo para centrarte en las dificultades específicas que te puedan surgir en tu vida personal o en los problemas a los que se tiene que enfrentar el mundo en general. Puedes pensar en lugares en los que hay conflicto, desdicha y confusión, e irradiar esperanza y curación para ellos. Puedes visualizar a personas que llegan a resolver sus problemas, en una tierra abundante, con un tiempo hermoso, donde todos los seres alcanzan la felicidad.

El propósito de este yoga es ofrecerte un camino lúdico y mágico a la experiencia de la autoconfianza creativa. Basándote en la red de protección que te proporciona el saberte libre de un ego fijo, cultivas un sentido realista de orgullo y de confianza estable en ti mismo, no para ningún propósito egoísta, sino por puro altruismo, como energía que intensifica tu amor y tu benevolencia. Ahora eres un verdadero *bodhisattva*. Una bondad universal emana de tus acciones heroicas hacia el mundo.

Una revolución calmada

¿Qué pasaría si tuviéramos una sociedad en la que, si viéramos a alguien abusando de otro o haciéndole daño, todos tratáramos inmediatamente de poner fin a la situación, intentando proteger a las personas vulnerables y esforzándonos por comprender las causas primeras de la brutalidad? Imaginemos que nuestro acercamiento a la interminable violencia fuera resueltamente no violento. Imaginemos que en lugar de apresurarnos a castigar y vilipendiar al agresor, dedicásemos una atención ecuánime a conocer su historia. Eso haría posible imponer un castigo apropiado a la culpa y cuestionar a la vez las causas y condiciones que provocaban dicha conducta. ¿Qué pasaría si dirigiésemos nuestra animosidad hacia el crimen en lugar de hacerlo hacia el criminal?, ¿si, en lugar de dirigir erróneamente nuestra indignación hacia el atropello personal, la orientásemos más bien hacia los sistemas que hacen posible la existencia de personas carentes de afecto, marginadas y coléricas?

La ira es nuestra emoción por defecto cuando no conseguimos lo que queremos, pero el principio de la acción transformadora requiere que pensemos de manera más creativa.

Podemos aprender que es posible responder a la aflicción y al miedo de forma distinta y sin resentimiento. Es, ciertamente, natural indignarse ante la injusticia o la crueldad. Pero cuando la ira se convierte en una presencia firme, estrecha nuestras percepciones y posibilidades.

Recuerda que la ira, como el miedo, restringe nuestro campo de visión. Nuestra propuesta es sentir la indignación cuando surge, pero no permitir que se convierta en la motivación rectora para buscar un cambio. Si el objetivo es detener una guerra y acabar con la violencia, la indignación –no importa lo justa que sea– no es el camino adecuado para fundamentar ese esfuerzo a largo plazo, con toda la incertidumbre, la esperanza, la aflicción y las vueltas y revueltas que podemos experimentar en el proceso de tratar de incidir sobre el mundo.

En general, tendemos a ver el pacifismo, igual que la amabilidad y la empatía, como una forma de debilidad. Pero eso nos impide echar una mirada a fondo sobre la fuerza que realmente lo constituye. Es posible estar absolutamente comprometido con la necesidad de acabar con abusos e injusticias, y con la protección de las personas maltratadas, y atemperar al mismo tiempo la indignación por medio de la compasión.

Mi amigo Ethan Nichtern, fundador del Proyecto Interdependencia, una organización sin ánimo de lucro dedicada a la meditación de inspiración budista y a la atención plena en psicología, a la acción social, los medios de comunicación y las artes, ha escrito con elocuencia acerca de las razones que nos llevan frecuentemente al bloqueo en el mantenimiento de este sutil equilibrio. Si examinamos la visión de la naturaleza humana que subyace en nuestros esquemas sociales, señala Ethan, encontraremos «una idea terrible de lo que significa ser un individuo humano». De acuerdo con la perspectiva filosófica dominante en Occidente, planteada de forma particularmente pesimista por Thomas Hobbes en el siglo xvii, los seres humanos están inclinados por naturaleza a la «guerra de todos contra todos». Ethan señala tres «eses» que, desde esta perspectiva, nos caracterizan por encima de todo: separado, egoísta y asustado.* Dominado por esta filosofía, explica Ethan, la vida se convierte en «una batalla perpetua contra los otros, una lucha terrible y absorbente para protegernos a nosotros mismos y a nuestras familias contra constantes amenazas».[22]

Ethan ofrece una perspectiva alternativa para una vida totalmente diferente, más llena y efectiva, definida por las tres «ces»: conexión, compasión y coraje. Él y sus colegas llamaban al cambio de las tres «eses» por las tres «ces» «activismo transformador». Esto nos exige revisar nuestro trabajo interior como individuos, nuestra conducta interpersonal en las relaciones y nuestros esfuerzos colectivos para transformar la sociedad. En el activismo transformador hay un intercambio sin costuras, recíproco, entre nuestra vida interior y la expresión de nuestros valores en el mundo exterior.

Todas estas estrategias podrían alimentar a nuestras comunidades y ofrecen enseñanzas para el crecimiento moral y espiritual, en lugar de generar más violencia. Albert Einstein decía: «El poder desencadenado del átomo ha cambiado todo salvo nuestro modo de pensar».[23] Cómo pensamos, cómo miramos nuestra vida, es sumamente importante, y el grado de amor que manifestamos determina el grado de amplitud y libertad que podemos aportar a los acontecimientos de la

---

* En inglés, *Separate, Selfish and Scared. (N. de los T.)*

vida. Romper con nuestra forma habitual de mirar las cosas, a fin de responder desde un lugar diferente, exige un notable discernimiento y una gran dosis de coraje.

Imagina qué ocurriría si acallásemos la necesidad de ofrecer una buena imagen a los demás, la tendencia a la inercia en nuestros comportamientos y el impulso a estar de acuerdo con lo que los otros piensan, y tratásemos de practicar la enseñanza del Buda de que el odio solo cesa por medio del amor. Gritar para ahogar el ruido de los otros y responder con beligerancia a la beligerancia puede ser un reflejo automático, pero acaba resultando agotador. Etiquetar rígidamente a la gente como si fueran completamente buenos o malos, correctos o equivocados, nos ayuda a sentirnos seguros, al menos de momento, pero relacionarse de ese modo no nos permite conectar realmente y nos deja con una sensación de estar solos y de ser mal comprendidos. Arriesgarse a una nueva forma de ver nos ayuda a descubrir nuevas maneras de comunicar que vehiculan nuestros sentimientos honestamente sin dañarnos a nosotros mismos o a quienes nos rodean.

Estamos listos para un cambio global, para renunciar a la animosidad del nosotros-frente-a-ellos, para dejar a un lado el mundo dominado por la idea de «si no estás conmigo, estás contra mí y eres por tanto mi enemigo», y aceptar un mundo de relaciones recíprocas intensificadas (y que crecen cada día, gracias a internet), de celebrada diversidad y de soluciones creativas y no violentas para los conflictos sociales y políticos. Es tiempo de superar la idea de que no estar extraviado en la enemistad es un signo de debilidad o rendición. Estamos listos para otra forma de ver la acción eficaz y para nuevos planteamientos que mejoren la vida en este planeta.

Piénsese en Nelson Mandela, que comprendió que sus propios guardas en Robben Island eran prisioneros del sistema, aunque le tuvieran prisionero a él. O en el político birmano Aung San Suu Kyi, que pasó quince años bajo arresto domiciliario por promover la democracia, y que decía:

> (...) con el paso el tiempo, como muchos otros que han sido encarcelados, descubrí el valor de la amabilidad amorosa. Descubrí que es el propio sentimiento de hostilidad lo que genera el miedo. Nunca me sentí aterrorizado aun estando rodeado por todos aquellos soldados hostiles. Y eso se debe a que nunca sentí agresividad hacia ellos. Como budista birmano, puse gran énfasis en *metta* (amabilidad amorosa). Es la misma idea que recoge la cita bíblica: «El amor perfecto elimina nuestro miedo». Aunque no puedo pretender haber descubierto el «amor perfecto», pienso que es una realidad que, cuando no odias, no tienes miedo de la gente. Naturalmente, yo me enfadaba ocasionalmente con algunas de las cosas que ellos hacían, pero la ira como emoción pasajera es algo por completo diferente al sentimiento de odio u hostilidad sostenidos.[24]

O en Martin Luther King, que insistía en que adoptemos una visión amplia de la justicia al tratar con nuestros enemigos. «El arco de la moral universal es amplio, pero se inclina hacia la justicia», decía.[25]

Una revolución calmada inicia una enorme aventura de conciencia, una disposición a redefinir la fuerza y a ver la paciencia como agente activo eficaz más que como resignación. Incluso en las circunstancias más terribles tenemos la posibilidad de un cambio significativo. Comprendí esto después del atentado en el metro de Londres en julio de 2005, cuando, como le ocurrió a la mayor parte de la gente, mi respuesta inicial fue el pesar por las vidas perdidas y la angustia a la hora de tomar el metro para volver a casa en Nueva York. Aunque este miedo era lógico y natural, Willa, la hija de un amigo, de siete años de edad, tenía otra perspectiva. Cuando le contaron lo que había sucedido en Londres, sus ojos se llenaron de lágrimas y dijo: «Mamá, deberíamos rezar una oración». Cuando ella y su madre se cogieron las manos, Willa pidió empezar. La madre quedó sorprendida cuando oyó que su hija decía: «Que las malas personas recuerden el amor en sus corazones». Al oír eso, mi propio corazón se sintió en un nivel distinto.

El muy amado gurú hindú Neem Karoli Baba decía a menudo: «No expulses a nadie de tu corazón». Algunas de las soluciones más eficaces –y de las aventuras más grandes– de nuestra vida pueden venir cuando aprendemos a vivir según esta máxima. Si actuamos así, no tendremos escrúpulos en reconocer a nuestros enemigos como nuestros más grandes maestros. Por encima de todo, seremos capaces de abrazar al mundo.

Apéndice.
Guía práctica
¡Haz esto en casa!

Una cosa es leer sobre la manera de derrotar a nuestros enemigos, y otra distinta cómo podemos hacerlo concretamente en la práctica ¿Qué acciones específicas podemos realizar para transformar nuestra relación con nuestros enemigos, interiores y exteriores, y liberarnos así de la ira y el miedo?

He aquí algunas meditaciones y visualizaciones que pueden ayudarte a la hora de aplicar estas enseñanzas con tus enemigos. Aunque estas técnicas están basadas en prácticas budistas, puede utilizarlas cualquiera, independientemente de sus creencias. Encontrarás una práctica para hacer frente a cada uno de los cuatro tipos de enemigos –exterior, interior, secreto y supersecreto–, así como una meditación básica que te ayudará a conectarte con el cuerpo, tranquilizar la mente y abrir el corazón.

Meditación básica

Siéntate cómodamente, con la espalda erguida. Cierra los ojos
o no los cierres, según prefieras. Si te sientes soñoliento, puedes abrir los ojos y mirar fija y suavemente hacia abajo para
ayudarte a permanecer despierto.

Lleva la atención a tu cuerpo. Sé consciente de todo lo que
sientes. Nota cualquier sensación en las manos: pulsaciones,
palpitaciones, presión. Nota el proceso de tu respiración en
las ventanas de la nariz o en el pecho o el abdomen. Deja que
la respiración vaya y venga de manera natural. No trates de
modificarla ni de controlarla. Tan solo advierte la respiración
y déjala seguir.

Si quieres, puedes tomar nota mental de manera escueta con
las palabras *dentro, fuera,* o *subir, bajar* para apoyar la sensación de la respiración. Pero deja que tu conciencia descanse
principalmente en la propia sensación, no en las palabras que
la acompañen.

Cuando surjan imágenes y emociones en tu mente, o te hagas consciente de los sonidos que hay a tu alrededor, no te
quedes con ellos. Simplemente, adviértelos, y luego deja que
pasen. Permanece conectado a la sensación de la respiración.
Si una imagen o sensación se hace lo bastante fuerte como para
adueñarse de tu atención, o te encuentras vagando entre pensamientos, o empiezas a dormirte, lleva de nuevo tu conciencia
a la respiración.

Trabajar con el enemigo exterior

Piensa en alguien que no te guste, alguien por quien sientas una antipatía real. Puede ser alguien que te inspire temor, que te parezca desafiante, alguien a quien ves como un rival o que te ha perjudicado de alguna manera. Lleva a esa persona con claridad a la mente y visualízala sentada ante ti. Ponte realmente en contacto con tus sentimientos hacia esa persona. Siente la ira, el temor o el desagrado que surge en tu interior.

Ahora, ponte en la piel de la otra persona. Imagina que eres esa persona, que está allí mirándote. Mírate a ti mismo desde la perspectiva de tu enemigo. Date cuenta de que tu enemigo está reflejando tus sentimientos hacia él. Tal como tú ves a tu enemigo, de la misma manera tu enemigo te ve a ti. Tal vez tengas envidia de él, si parece ser alguien que pretende estar por encima de ti y te mira con superioridad. O puede que tú te sientas superior y, por lo tanto, tengas una actitud condescendiente hacia él. Mírate a ti mismo a través de los ojos de los celos, la envidia, la competitividad y la condescendencia.

Cuando estés sumido por completo en los sentimientos negativos que sientes hacia tu enemigo y que tu enemigo siente hacia ti, te darás cuenta de que no tienes por qué abrigar esos sentimientos. Puedes ver a tu enemigo de una manera diferente. Trata de imaginarlo tal como lo ven sus seres queridos, tal como lo ve su hijo o su perrito. Si tu enemigo parece particularmente malvado, imagina cómo lo ve su socio en el delito: como un aliado, un conspirador, un amigo.

Y luego nota lo alterado que se siente tu enemigo al verte o pensar en ti. Es la misma inquietud que sientes tú cuando ves o piensas en él.

Cuando te miras a ti mismo a través de los ojos de esa otra persona, advierte el tono de voz que usas en tu mente. Sé consciente de cómo tu altivez, competitividad, desprecio o envidia se transmiten en las cosas pequeñas que haces y dices. Tus emociones aparecen en tu voz y en las palabras y gestos, así como en el lenguaje corporal, igual que las emociones de tu enemigo están escritas en todo su rostro y su comportamiento.

Ahora trata de ver algo hermoso en tu enemigo. Imagínalo siendo realmente feliz porque se ha enamorado, o ha ganado unas elecciones, o le ha tocado la lotería. (Si realmente te atreves, imagina a tu enemigo ganando la lucha contra ti. ¡Eso le haría sentirse bien!) Imagina a tu enemigo feliz de verte, o si no eres capaz de ello, imagínalo al menos sin estar enfadado contigo. Imagina a tu enemigo lo suficientemente satisfecho con su propia vida para no tener ni tiempo ni ganas de molestarte. Piensa en lo que realmente podría satisfacer a tu enemigo, en algo que le complaciera verdaderamente. Es posible que no sea lo que tú supones que quiere tu enemigo, es decir, el dominio sobre ti. Cuando dejas de fastidiar a tu enemigo, dejas de interponerte en el camino de lo que esa persona desea, y entonces tu enemigo deja de estar interesado en molestarte.

Al visualizarte desde la perspectiva del enemigo, empiezas a ver que lo que te hace vulnerable frente a tus enemigos es la sensación de ser fundamentalmente diferente de ellos. Pero cuando te das cuenta de que, en lo básico, tú no te diferencias de él –como mínimo, compartes el deseo de ser feliz y de evitar el dolor–, entonces no quieres estropear la felicidad de tus enemigos del mismo modo que no quieres que ellos estropeen la tuya.

Cuando comprendes verdaderamente que es la proyección de tus heridas, de tu ira y de tu miedo lo que convierte a alguien en tu enemigo, y eres capaz de reconocer tu afinidad con él, como seres humanos que ambos sois, eso libera la energía que previamente invertías en defenderte a ti y a tu ego. A partir de ese momento, puedes usar esa valiosa energía para trabajar en arrancar de raíz a los enemigos interiores, como la ira, el miedo y la envidia. De esta manera, el enemigo que tanto te disgusta se convierte en tu aliado, en tu maestro, tu ayudante, incluso –me atrevería a decir– en tu amigo.

Finalmente, incluso serás capaz de ver la belleza en tus enemigos, y te sentirás libre de la inquietud interior por ellos. Entonces, cada vez que te encuentres con esa persona, notarás que te parece menos molesto. Y tu nueva actitud hacia tu antiguo enemigo le afectará también a él, y mostrará menos antagonismo hacia ti, aunque tal vez no conozca conscientemente el motivo.

Ahora, en tu meditación, puedes ver tu vida como la de una persona que se encuentra entre amigos.

Trabajar con el enemigo interior

La amabilidad amorosa

La amabilidad amorosa, con el deseo de que todos los seres sean felices, es una enseñanza budista clásica que está contenida en el grupo de las cuatro cualidades llamadas *Brahma-viharas:* «estados ilimitados» o «moradas supremas». (Las otras tres cualidades son la compasión, la alegría solidaria y la ecuanimidad.) Como práctica, la amabilidad amorosa se basa en el sentido de amistad e inclusividad, de afinidad con los otros.

En esta meditación, centramos nuestra atención mediante la repetición silente en ciertas frases básicas que son la expresión de la energía de nuestro corazón. Hacemos esta ofrenda de felicidad y bienestar primero para nosotros mismos, y luego, gradualmente, extendemos nuestro campo de atención a todos los seres en todas partes. Para practicar la amabilidad amorosa no es necesario estar sentado en la postura que habitualmente se adopta en una meditación formal. Es una práctica que, en definitiva, se puede realizar en cualquier parte, andando por la calle, sentado en el autobús o en la sala de espera del médico.

Si haces una práctica de meditación formal, empieza sentándote en una postura cómoda. Puedes cerrar o no los ojos, como prefieras. Ve si te vienen a la mente tres o cuatro frases que te pudiera gustar repetir a modo de bendición para ti mismo y para los demás. O, si no, puedes repetir las frases clásicas:

> Que yo sea feliz.
> Que esté sano.
> Que esté seguro.
> Que viva con comodidad.

(La última frase no expresa un deseo de lujo, sino más bien el deseo de que nuestro medio de vida, nuestras relaciones y otros aspectos de la vida diaria no sean particularmente problemáticos.)

Repite estas frases en silencio durante unos minutos. Luego piensa en un benefactor, alguien que haya sido bueno contigo, que se haya comportado con generosidad o que te haya ayudado de alguna manera. Los textos budistas dicen que el benefactor es una persona que, cuando piensas en ella, te provoca la sonrisa. Lleva a tu mente una imagen de esa persona y siente la importancia que ha tenido en tu vida. Luego ofrécele las frases:

> Que seas feliz.
> Que estés sana.
> Que estés segura.
> Que vivas con comodidad.

Luego piensa en un amigo al que ahora le esté yendo más o menos bien. Esa persona podría no ser perfectamente feliz, pero en lo fundamental se siente razonablemente bien, y parece que su vida funciona. Piensa en esa persona y ofrécele las frases de amabilidad amorosa.

Y ahora piensa en un amigo al que no le esté yendo tan bien, que esté de alguna manera sufriendo. Ofrécele a él las frases de amabilidad amorosa.

Después piensa en alguien hacia quien tengas sentimientos neutros. Tal vez un conocido, o alguien de quien ni siquiera sabes el nombre. Podría ser el dueño del quiosco en el que compras el periódico de la mañana, o el conductor de la agencia de mensajería que lleva los paquetes a tu oficina, o alguien a quien ves de forma rutinaria cerca de ti en el gimnasio. Ofrece las frases de amabilidad amorosa a esa persona.

Ahora piensa en alguien con quien tengas algún problema. Habitualmente, se recomienda no elegir una persona que te haya causado un daño grave, te haya traicionado en algo importante o se haya comportado tan mal contigo que parezca inconcebible incluirle en esta práctica. Empieza, más bien, con alguien con quien hayas tenido un conflicto menor o hacia el que tengas simplemente sentimientos de incomodidad. Lleva esta persona a tu mente y ve lo que sucede cuando repites las frases de amabilidad amorosa hacia ella.

Finalmente, deberás ofrecer las frases de amabilidad amorosa a todos los seres de todas partes: personas, animales, todas las criaturas. *Que todos los seres sean felices, y estén sanos, y seguros, y que vivan con comodidad.*

Las primeras veces que practicas la amabilidad amorosa te puede parecer difícil ofrecérsela a tu enemigo, incluso a una persona ligeramente conflictiva. Tal vez prefieras saltarte a tu enemigo y continuar con todos los seres, o volver a ofrecerte la amabilidad amorosa a ti mismo. Muy bien. Con el paso del tiempo, cuando sigas con la práctica incluyendo a todo el mundo, en todo lugar, descubrirás que experimentas un sentimiento de afinidad con todos los seres que comienza a derribar todas las barreras que hubieras levantado entre tú y los demás. Se hace cada vez más fácil incluir incluso a tus enemigos declarados en el vasto círculo de conexión.

La compasión

La compasión permite un movimiento hacia una situación dolorosa para ver si podemos servir de ayuda. Practicar la compasión contrarresta la crueldad. Nos permite también enfrentarnos a nuestro propio dolor, o al de los otros, sin quedar abrumados por él. Es un movimiento del corazón, no un sentimiento. La compasión tiene cualidades de autosuficiencia, de totalidad, de recuperación y adaptación. Nace del hecho de conocer verdaderamente nuestra unidad con los otros, no solo de pensarla o de desearla.

La estabilidad de la compasión requiere evitar cualquier contacto con un martirio superficial, por decirlo así, en el que solo pensamos en los otros y no nos preocupamos de nosotros. Y, a la inversa, deberemos renunciar igualmente a la forma ordinaria de cuidado de uno mismo en el que solo pensamos en nosotros mismos y no tomamos en consideración a los otros.

La meditación para cultivar la compasión es similar a la meditación de la amabilidad amorosa, aunque a menudo las frases usadas son algo así como: *Que estés libre del dolor y la tristeza* y *que estés bien y seas feliz*. Recuerda que las frases están destinadas a servir como canal para la energía del corazón, por eso no es preciso ser demasiado puntilloso con las palabras. En ciertas situaciones, como cuando alguien padece una enfermedad grave, puede que prefieras adaptar las frases a tus circunstancias particulares.

La secuencia de la meditación de la compasión difiere también en alguna medida de la meditación de la amabilidad amorosa, pues, a diferencia de esta última, empezamos con alguien de quien sabemos que está en alguna dificultad. Debería tratarse de una persona real, no de una combinación que te inventes para representar a una categoría de sufrientes, por ejemplo, todas las personas sin hogar. Después de unos minutos de ofrecer compasión a esa persona, sigue con la secuencia de la meditación de la amabilidad amorosa.

Antes de empezar la meditación de la compasión, puedes reflexionar sobre la vulnerabilidad que, como seres humanos, compartimos. No se trata en ningún modo de que todos tengamos la misma carga de dolor, pero todos compartimos la incertidumbre y la inseguridad de la existencia. Con una llamada telefónica, tu vida entera puede cambiar. La comprensión de este hecho debería acercarnos más unos a otros y hacernos más solícitos. El sentimiento de unidad y relación es, en sí mismo, inspirador.

La alegría solidaria

La alegría solidaria es gozo auténtico por la felicidad de los otros: sentir alegría por su buena suerte en vez de pensar: *Mmm, preferiría que las cosas no te fueran tan bien*. Antídoto de la envidia y el resentimiento, la alegría solidaria es una cualidad hermosa, pero no es fácil de adquirir, debido a nuestro sentimiento ambivalente ante el éxito de los demás, especialmente cuando pensamos que la recompensa que obtuvieron debería haber sido para nosotros. La buena suerte de otras personas despierta temores porque no hay demasiada felicidad en el mundo y, por lo tanto, no todos podemos ser los beneficiados. La alegría solidaria nos enfrenta cara a cara con sentimientos profundamente asentados sobre la competencia y la escasez, enemigos interiores que alimentan la creación de enemigos exteriores.

La práctica de la alegría solidaria nos abre a la realidad de todo lo que *tenemos,* contrapesando los sentimientos de escasez y fracaso, y el resentimiento que podamos sentir hacia cualquiera que nos parezca más afortunado que nosotros.

La meditación de la alegría solidaria es similar a la meditación de la amabilidad amorosa, aunque las frases usadas con más frecuencia son del tipo: *Que tu felicidad y buena suerte no disminuyan* y *que aumenten cada vez más.*

Comenzamos la secuencia de la alegría solidaria con un amigo que sea relativamente feliz ahora mismo. Puede que no sea totalmente feliz, pero disfruta de éxito o de buena suerte al menos en algún aspecto de su vida. Y saltamos de alegría, puesto que, por definición, la alegría solidaria es felicidad por la felicidad de los otros.

En lugar de incluirnos, antes de comenzar la secuencia de frases reflexionamos sobre todo lo bueno que hay en nuestra vida. Puesto que uno de los obstáculos a la alegría solidaria es el sentimiento de carencia, nos tomaremos el tiempo necesario para considerar todo aquello que podemos apreciar en nuestra vida y por lo que podemos estar agradecidos. Esta reflexión es por sí misma un antídoto poderoso contra los enemigos interiores de la ansiedad y la frustración.

La ecuanimidad

La ecuanimidad, o equilibrio mental, es, en muchos aspectos, el fundamento de los otros tres estados. Es la sabiduría no expresada lo que nos permite ampliar nuestra solicitud más allá de nuestro círculo interior, haciendo de las prácticas de amabilidad amorosa, compasión y alegría solidaria expresiones auténticas de un espíritu generoso.

Sin ecuanimidad, podríamos ofrecer amistad solo cuando nuestro ofrecimiento fuera reconocido y apreciado, o cuando los demás nos respondieran de manera semejante. Podríamos ofrecernos compasión a nosotros mismos solo cuando estuviéramos vencidos por el dolor, y ofrecer compasión a los otros nada más cuando nos sintiéramos superados por su sufrimiento. Y solo podríamos ofrecer alegría solidaria cuando no nos sintiéramos amenazados ni envidiosos. Cuando cultivamos la ecuanimidad, nuestra enorme capacidad de conectar con los otros puede florecer, pues no sentimos la necesidad de rechazar o de aferrarnos a cualquier cosa que suceda en la vida.

El fundamento de la ecuanimidad es reflexionar en lo que se denomina, en las enseñanzas budistas, las ocho vicisitudes u ocho condiciones mundanas: placer y dolor, ganancia y pérdida, elogio y crítica, y fama y desprestigio: los inevitables opuestos a que nos enfrentamos en la vida. Las ocho vicisitudes constituyen la estructura misma de la vida, válida para todos, no solo para algunos. Reconocer y aceptar esta realidad proporciona el más amplio contexto posible para desarrollar la amabilidad amorosa, la compasión y la alegría solidaria.

En la práctica de la ecuanimidad empezamos repitiendo las frases con una persona neutra en la mente, luego con un benefactor, y así sucesivamente durante toda la secuencia, terminando con nosotros mismos. Algunas frases posibles podrían ser: *Las cosas son como son. Puedo preocuparme por ti, sin embargo, no puedo controlar cómo evolucionará tu vida.*

Todos los seres son dueños de sus acciones; su felicidad e infe-
licidad dependen de sus acciones, no de mis deseos.

Trabajar con el enemigo secreto

Dar y tomar

Transformar nuestra relación con las personas que percibimos como enemigos implica la práctica diaria de sustituir la preocupación por uno mismo por la preocupación por los otros. Para ayudarnos en esto y llevar a cabo una especie de ensayo de lo que sería la conducta altruista en la que realmente asumimos el sufrimiento de los otros, tenemos la meditación especial de dar y tomar, en la que imaginamos que ofrecemos nuestra felicidad a los otros y asumimos su sufrimiento.

Mantén en la mente la imagen de tu enemigo, o imagínale sentado delante de ti. Cuando espires, comparte con él toda tu felicidad, toda tu luz. Que tu enemigo tenga un sentimiento de conexión con tu mente resplandeciente.

Luego, cuando inspires, toma la irritación, la ira y la rabia de tu enemigo e introduce esa energía en ti mismo. Invita a entrar dentro de ti toda la hostilidad que él pueda sentir por ti. Y luego deja que esa fuerza se dirija hacia tu enemigo interior, para que venza a tu enemigo interior sin dañar tu mente radiante. Ahora tu enemigo exterior está trabajando para ti sin darse cuenta de ello, ayudándote a liberarte de tu enemigo interior, tu habitual yo reactivo que está continuamente absorto con *mí-mí-mí, me gusta esto, quiero más*. De este modo conviertes la energía del enemigo en energía positiva, experimentándola como un sentimiento de alivio y de paz.

Ahora, cuando espiras, la luz de tu mente resplandeciente fluye hacia tu enemigo, reforzada por las bendiciones de tu protector, ya se trate de Jesús, María, Abraham, Mahoma, el Buda, Kuan Yin, el Dalái Lama, un santo o un ángel, tu gurú, o quien tú quieras. A medida que continúas inspirando y espirando, puedes repetirte en silencio lo siguiente:

[Inhalar] Destruye a mi enemigo interior, mi egotismo.

[Exhalar] Comparte mi amor, mi sabiduría.

[Inhalar] Destruye a mi enemigo interior, mi egotismo, mi apego, mi aversión.

[Exhalar] Comparte mi amor, mi felicidad, mi bendición.

Continúa con este ir y venir, asimilando la hostilidad del enemigo y dirigiéndola a tu egotismo cuando inhalas, y luego, cuando exhalas, transmitiendo felicidad a tu enemigo desde tu ego amoroso y liberado.

Cuando practicas el dar y tomar con tu enemigo, tu persona egotista y preocupada por sí misma se va acallando y, poco a poco, emerge un yo altruista, amoroso y feliz. Tu yo amigo de autoalabanzas y aficionado a engrandecerse a sí mismo, tu yo descontento y furioso, se vuelve cada vez más débil, mientras que tu yo iluminado se hace más fuerte. Amar a tu enemigo de esta manera redunda en lo que podríamos llamar un interés propio iluminado: sacas fuerza de tu altruismo. Y las bendiciones se extienden por todas partes: a tus seres queridos, a las personas que te son indiferentes, a todos los seres. Cuando puedes dar a tu enemigo algo, aunque solo sea algo mínimo, te conviertes en artífice de tu propia vida.

Trabajar con el enemigo supersecreto

Cambiarse por el otro

Nuestros enemigos exteriores son nuestros mayores maestros, pues nos dirigen hacia el enemigo real, nuestra preocupación por nosotros mismos. En la práctica de dejar de estar preocupados por nosotros mismos para estar preocupados por los otros, abrimos y ampliamos nuestra identidad para abrazar a todos los seres, pasando del egotismo y la obsesión por uno mismo al altruismo y la compasión.

> Empieza haciendo volver tu consciencia sobre ti, estudiando tu propio rostro, por decirlo así. Cuando lo haces, ves a través de ti mismo, de modo que puedes examinar el interior y no puedes encontrar una identidad fija en ningún lugar, ni en tu rostro, ni en tu cerebro, ni en tu corazón. Fúndete con la clara luz del vacío en la

plenitud de la energía infinita. No tengas miedo de esa energía: solo lo envuelve todo como un potencial infinito. Sin embargo, puedes recurrir a ella inagotablemente con tu amor, con tu deseo de felicidad para ti mismo y para los demás. En ese sentido, la clara luz del vacío de la realidad suprema no es nada sino amor puro: energía abundante e infinita para satisfacer todas las necesidades de todos los seres, nunca abrumadora, sino siempre sensible a toda necesidad.

Ahora, recurre a esa energía infinita para imaginarte a ti mismo manifestando todo lo que tú y aquellos a los que amas necesitáis realmente. Imagina tu cuerpo como si poseyera todas las capacidades, e imagina tu mente como si fuera incansable y gozosamente creativa, capaz de proporcionar a los otros lo que necesitan. Siente la felicidad real como la condición natural de cada célula que hay en ti y toda la energía que te rodea. Recuerda que no eres una estructura fija, rígida, sino un campo vibrante de energía cuántica, curada y capaz de curar a todo el mundo y todo lo que está a tu alrededor. Imagina a todos los seres que te miran y te ven irradiando una luz líquida: rayos semejantes a piedras preciosas, diamantes, topacios, rubíes, esmeraldas y zafiros, aureoladas con destellos de oro y plata.

Disfruta de la visualización tanto tiempo como quieras, recordando que esta es la realidad que habitualmente no vemos debido a nuestro hábito de concretar las percepciones de las cosas materiales. Disfruta de tu visualización haciéndote consciente de que siempre puedes sentir e irradiar de esta manera.

Date cuenta de que todos los seres tienen exactamente la misma realidad suprema y ese mismo potencial relativo, para que, de este modo, nunca te consideres a ti mismo como algo especial. Contén cualquier deseo de ser especialmente honrado o alabado por los demás, y comprende, en cambio, que tu dicha es lo que te capacita para servir a los otros. Luego, cuando sigas con el curso de tus actividades cotidianas, no tengas la tentación de apartarte de los otros ni de ponerte por encima de ellos de ningún modo.

Notas

1. Estadísticas de acoso: http:www.bullyingstatitics.org/content/bullying-statistics.html.
2. Nyananponika Thera, «The Four Sublime States: Contemplations on Love, Compassion, Sympathetic Joy and Equanimity», *Access to Insight*, 4 de abril de 2011, http://accessto insight.org/lib/authors/nyanaponika/wheel006.html.
3. «Tolerance over Race Can Spread, Studies Find», *The New York Times*, 6 de noviembre de 2008, http://www.nytimes.com.
4. «Forgiving Bin Laden, CTD», The Dish, 5 de mayo de 2011, http://dish.andrew sullivan.com/.
5. Existen algunas traducciones razonables de la guía de Shantideva en inglés. El *Flash of Lightning in the Dark of Night*, del Dalái Lama, es un buen comentario; y mis libros *Anger*, y también *Infinite Life* se pueden considerar como comentarios a algunas de las secciones clave de su libro.
6. La siguiente historia se basa en la información de Debbie Elliott, «At End-of-the-Line Prison, an Unlikely Escape», 8 de febrero de 2011, en http://www.npr.org, y en comunicaciones personales del doctor David Tytell.
7. Rainer María Rilke, *Letters to a Young Poet [Cartas a un joven poeta]*, Modern Library: Nueva York, 2001, págs. 92-93.
8. Citado en The Howard Thurman Center for Common Ground, www.bu.edu/thurman/about/history, acceso en marzo de 2013.
9. «Health is Membership», en *The Art of the Commonplace: The Agrarian Essays of Wendell Berry*, Counterpoint Press: Berkeley, California, pág. 146.
10. Citado en Sandra Blakeslee, «Cells That Read Minds», *The New York Times*, 10 de enero de 2006, www.nytimes.com.
11. Barbara Fredrickson, *Love 2.0: How Our Supreme Emotion Affects Everything We Feel, Think, Do, and Become*, Hudson Street Press: Nueva York, 2013, pág. 35
12. Barbara Fredrickson, «The Big Idea: Barbara Fredrickson on Love», *The Daily Beast*, 14 de febrero de 2013, http://www.thedailybeast.com/articles/2013/02/14/the-big-idea-barbara-fredrickson-on-love-2-0.html.
13. Barbara Fredrickson, *Love 2.0, op. cit.*, pág. 29.
14. *Ibíd.*, pág. 54.

15. Corán 49, 13.

16. Daniel Goleman, *Social Intelligence: The New Science of Human Relationships*, Bantam: Nueva York, 2006, pág. 117.

17. La palabra «alma» es usada por los traductores occidentales de los textos budistas para traducir el *atma* sánscrito (*atta*, pali), y, puesto que su tendencia es escapar de la idea cristiana del «alma inmortal» que puede pasar al cielo o al infierno, afirman que el Buda explicó que no existe algo así como un «alma». En ocasiones, el Buda decía que no hay alma, en los mismos contextos en los que dice que no hay ojo, oído, nariz, etc., queriendo decir siempre «no hay alma, ojo, oído, etc., absoluto». Por eso, puesto que tenemos ojos, oídos, etc., relativos, podemos sin duda tener un alma relativa, un alma sin yo, si se quiere, usando el término familiar para describir la continuidad mental siempre cambiante, gota supersutil, o gen espiritual, que es lo que somos cuando pasamos de vida en vida.

18. Byron J. Rees, *The Heart Cry of Jesus* (1989), Kessinger Publishing: Whitefish, MT, 2010, pág. 17.

19. En Rick Fields, *Fuck you Cancer and Other Poems*, Crooked Cloud: Nueva York Projects, 1999.

20. Thomas Paine, *Common Sense* (1776), Dover Publications: Mineola, NY, 1997, págs. 31-32.

21. *Om shunyata jñana vajra svabhava atmako aham.*

22. Véase http//wwwtheidproject.org/.

23. Citado en «Atomic Education Urged by Einstein», *The New York Times,* 25 de mayo de 1946, pág. 13; acceso en http://www.nytimes.com.

24. Aung San Suu Kyi y Alan Clements, Seven Stories Press: Nueva York, 1997, cap. 10.

25. Intervención de Martin Luther King en la Tenth Anniversary Convention of the Southern Christian Leadership Conference, Atlanta, 16 de agosto de 1967.

Sobre los autores

Sharon Salzberg, maestra de meditación desde hace más de treinta años, es cofundadora de la Insight Meditation Society, en Barre, Massachusetts, el Forest Refuge y el Barre Center for Buddhist Studies. El trabajo de Sharon se basa en las prácticas de la atención plena y *metta* (amabilidad amorosa), cuyo objetivo es cultivar el amor y la compasión hacia uno mismo y hacia los demás. «Esto –explica Sharon– es el núcleo central de la enseñanza del Buda: en cada uno de nosotros hay una capacidad genuina para el amor, el perdón, la sabiduría y la compasión, y estas cualidades pueden hacerse realidad en la vida mediante la práctica de la meditación. Cualquiera puede descubrir por sí mismo la felicidad única que llevan consigo estos derechos de nacimiento.»

Entre sus libros se incluyen *Lovingkindness, Faith, The force of Kindness* y *Real Happiness*, superventas del *New York Times*. Colabora en *The Huffington Post;* ha sido redactora en *O, the Oprah Magazine;* y ha sido presentada en revistas como *Time, Real Simple, Good Housekeeping, Self, Tricycle: The Buddhist Revew* y el *Shambhala Sun*.

Tenzin Robert Thurman es profesor Jey Tsong Khapa de estudios budistas indotibetanos en la Universidad de Columbia, ocupando la primera cátedra de estudios budistas en los Estados Unidos. Es autor del superventas *Inner Revolution,* así como de *Anger, Infinite Life* y otros libros de gran difusión. Es también traductor de textos tibetanos. Primer occidental ordenado como mendicante budista por Su Santidad el Dalái Lama, Thurman volvió más tarde a la vida laica, conservando el nombre recibido en su ordenación, «Tenzin». Amigo próximo de Su Santidad a lo largo de los últimos cuarenta y ocho años, es cofundador y presidente de la Casa Tibetana en Estados Unidos, una organización sin ánimo de lucro dedicada a preservar la amenazada cultura del Tíbet. Como director de Tengyur Traslation Initiative, supervisa, a petición de Su Santidad, la traducción de textos fundamentales de artes y ciencias budistas en lengua tibetana de la biblioteca de la antigua Universidad de Nalanda de la India budista.